莫萨营销沟通情景对话系列

汽车销售人员超级口才训练
（实战升级版）

陈　姣　著

人民邮电出版社
北　京

图书在版编目（CIP）数据

汽车销售人员超级口才训练：实战升级版 / 陈姣著
. -- 2版. -- 北京：人民邮电出版社，2019.1
（莫萨营销沟通情景对话系列）
ISBN 978-7-115-50015-1

Ⅰ. ①汽… Ⅱ. ①陈… Ⅲ. ①汽车－销售－口才学
Ⅳ. ①F766②H019

中国版本图书馆CIP数据核字(2018)第254928号

内 容 提 要

好口才才能有效说服客户，好口才才能带来好业绩。具备有效的沟通技能和良好的口才，对汽车销售人员来说尤为重要。

本书针对汽车销售过程中展厅接待、需求挖掘、车型推介、试乘试驾、异议拒绝的处理、客户的跟踪跟进、签约促成、售后服务和抱怨投诉处理9个环节，通过76个情景展现了汽车销售人员与客户沟通时需要掌握的技巧和方法，是汽车销售人员提升沟通能力的实务工具书。

本书适合一线汽车销售人员、销售经理、培训师等使用，也可作为汽车销售人员沟通培训的教材，或作为汽车销售管理人员指导下属工作的参考用书。

◆ 著　　陈 姣
责任编辑　庞卫军
责任印制　焦志炜

◆ 人民邮电出版社出版发行　北京市丰台区成寿寺路 11 号
邮编 100164　电子邮件 315@ptpress.com.cn
网址 http://www.ptpress.com.cn
北京天宇星印刷厂印刷

◆ 开本：700×1000　1/16
印张：15.5　　　　　　　　　　　2019 年 1 月第 2 版
字数：180 千字　　　　　　　2025 年 3 月北京第 16 次印刷

定　价：59.00 元

读者服务热线：（010）81055656　印装质量热线：（010）81055316
反盗版热线：（010）81055315

前　言

　　如今汽车已经越来越多地融入到了人们的生活中。对于车主来说，一辆爱车不仅是代步出行的交通工具，而且也代表着一种舒适、便捷、优越的生活方式。所以汽车销售人员销售的不仅是汽车，更是一种生活态度和生活方式。汽车销售人员必须拥有扎实的专业知识和有效的沟通技能，这样才能成为值得客户信赖的"专业购车顾问"。

　　面对客户的各种情况、客户提出的不同问题、同一问题客户的不同表现，汽车销售人员该如何应对？如何进行有效沟通，如何提升自己的销售业绩？

　　本书以"四位一体"的内容结构形式将汽车销售过程中常见的76个销售情景一一展现，并针对汽车销售人员工作中需要解决的九大问题提供了解决方案。

　　九大问题：展厅接待、需求挖掘、车型推介、试乘试驾、异议拒绝的处理、客户的跟踪跟进、签约促成、售后服务和抱怨投诉处理。

　　76个情景：详细列出每一类问题可能出现的情况，每一个情景都是一个问题点、技巧点。

　　四位一体：本书针对每一个销售情景，通过情景对话进行实景再现，情景分析说明对话沟通中的可借鉴之处，同时提醒可能出现的错误，最后进行技巧展示，可以帮助汽车销售人员有效应对销售过程中出现的各类问题，进而提升自身的沟通能力。

　　本书呈现的76个销售场景为汽车销售人员演绎了销售的整个过程，再现了优秀汽车销售人员在不同场景中的沟通话语，是汽车销售人员全面学习沟通技巧的经典教材。

　　值得注意的是，我们提供的销售场景和呈现的具体问题有的可以直接运用于销售过程中，有的则需要根据现场实际情况变通使用，切不可生搬硬套。

　　本书适合一线汽车销售人员使用，也可作为汽车销售人员沟通培训的教材，或者是汽车销售管理人员指导下属的参考用书。

目录
Contents

— 1 —

Chapter 1

第1章

展厅：销售从这里走来

- ◆ 客户在展厅门外犹豫徘徊
- ◆ 客户走进展厅内四处观望
- ◆ 客户对销售人员爱理不理
- ◆ 客户表示只是随便看一看
- ◆ 客户看了一圈后转身离开
- ◆ 客户直奔着一款车型而来

- ◆ 客户开门见山地询问价格
- ◆ 客户考察之后又再度到访
- ◆ 老客户介绍的新客户来访
- ◆ 特殊客户须给予特殊关照

汽车销售人员与客户初次见面的第一分钟至关重要，这在很大程度上决定着整个销售过程的成败。汽车销售人员如果不能让客户接受自己、认可自己，甚至信任自己，那么很难将汽车顺利地销售出去。因此，第一次接近、接触客户，汽车销售人员首要的工作就是给对方留下完美的第一印象。

汽车销售人员工作日志

　　当我微笑着迎向客户时，他们却转身避开我，直接去看车了，我这样做难道有什么不对吗……

　　当我热情地向客户打招呼时，他们却冷冰冰地不做任何反应，这让我很沮丧……

　　当我询问客户想看那款车时，他们却摆摆手，说只是随便看看，这样的客户会是真心要买车的吗……

　　我注意到客户打量了好几眼展厅里的一款车，可当我一五一十介绍这款车型时，客户却转身去看其他的车了，这是为什么……

　　客户进门就直接问一款车的价格，我报了价，客户听完转身就走开了……

第1节 尽力争取的客户

情景01 客户在展厅门外犹豫徘徊

实 景再现

一位客户在展厅外盯着门口的新款车型海报打量了半天，既不推门进来，也没有离开的意思。汽车销售人员注意到后，微笑着走过去，为客户拉开了展厅的大门……

应对1：主动求教法

汽车销售人员：先生，您没有急事的话，进来坐一坐吧，这款新车是今天刚到的，我们刚布置完展位，也不知道漂不漂亮，您帮我们看看……

应对2：轻松寒暄法

汽车销售人员：先生，今天可算是真正入夏了，34摄氏度呢，那叫一个热。您进来坐坐吧，里面有空调，有冷饮……

应对3：利益吸引法

汽车销售人员：先生，我们有一款经典车型现在进行特价促销，优惠3 888元，您进来了解一下吧……

情 景分析

"山不过来，我便过去"，优秀的汽车销售人员总是主动的、积极的，绝不轻易放走任何一个潜在的销售机会。不管是在展厅里，还是在展厅外，只要客户能停留下来，看看车、看看海报或者看看广告短片，即便没有立即购车的打算，也会有进一步了解汽车的兴趣。因此，当客户在展厅门外犹豫徘徊时，汽车销售人员要做的就是主动出击，将他们吸引到展厅，为促成销售争取机会。有了机会，才有成功的可能。

😞 错误提醒

错误1："客户既然连展厅的门都不进，要么就是买不起车，要么就是根本不想买车，这样的客户即使争取过来也不会有太大的价值。"汽车销售人员如果有这样的想法和态度，那么必然会与相当多的销售机会失之交臂。

错误2：客户的犹豫徘徊表明他们心理上存在戒备。汽车销售人员如果想吸引客户进入展厅，就不能使用带有明显买卖色彩的语言，以免给客户带来更大的心理压力，例如，以下的话就不可取。

汽车销售人员：先生，您想买什么车啊？我给您介绍一下……

汽车销售人员：先生，这款新车现在售价35万元，您要看看吗？

汽车销售人员：先生，进来看看吧，我们各种价位的车都有……

技 巧展示

每一名汽车销售人员都希望自己能赢得更多客户的信赖与好感，取得优秀的业绩与回报。事实上，汽车销售人员与客户的第一次碰面和第一句交流，在很大程度上就已经决定了双方关系的融洽程度，以及交易的成败。初次接洽时，汽车销售人员应该做好以下四点。

多一点友善	无论客户看起来是腰缠万贯还是工薪阶层，无论客户的态度是温和友好还是拒人千里，汽车销售人员都要友善地接待，多一点微笑，多一些礼貌用语，让客户有"宾至如归"的亲切感。
多一点细心	从客户走近展厅开始，汽车销售人员就应该细心地关注对方的神情举动，分析、揣摩对方的想法，进而提供能让客户感到放松、舒适的服务。例如，客户进门时大汗淋漓，销售人员可以请他们坐在凉爽的地方休息，并递上冷饮；客户提着满满的购物袋进来时，销售人员就应该主动帮他们提一下等。

多一点勤勉	汽车销售人员每天都要接待很多客户，难免会疲乏、劳累。如果在汽车销售人员休息、吃饭时恰好有客户走进展厅，优秀的汽车销售人员会在同事们都疲惫不堪的时候仍然"咬牙"坚持，微笑着接待客户。高人一筹的销售业绩就是靠勤勉得来的。

多一点主动	主动是汽车销售人员必备的一种素质。如果汽车销售人员主动一点，就可以使原本只打算来展厅看看的客户认真考虑买车；可以使原本打算下个月购车的客户在今天就签约购买；可以使老客户介绍好友来买车。主动有可能创造销售奇迹。

情景02　客户走进展厅内四处观望

实 景再现

客户走进展厅，四处张望着，一会儿看看这辆车，一会儿看看那辆车，汽车销售人员微笑着迎了上去……

应对1：直入主题法

汽车销售人员：先生，有没有比较喜欢的车型呢？

客户：我朋友买了一款你们品牌的汽车，开了半年感觉不错，我也想来看看。

汽车销售人员：您记得是哪一款车型吗？那款车有什么特色呢？

客户：他的那款车是这样子的……

应对2：轻松寒暄法

汽车销售人员：先生，欢迎光临！今天是周末，下了那么长时间的雨，天总算放晴了，您今天出来走动走动真是挑对了时候。

客户：是啊，天气不错。

汽车销售人员：我叫李明，木子李，日月明，这是我的名片。您看是自己先四处走一走，熟悉一下，还是我带您看看车呢？您要是一路过来有些累了，也可以到休息区坐一坐，喝杯茶，我给您拿些资料先看看。（给客户提供三种选择）

客户：我先看看车，有问题我叫你。

情 景分析

大多数人在刚刚进入陌生的环境时，或多或少都会有一些不适应的感觉，他们需要有短暂的过渡时间来熟悉并适应环境。因此，汽车销售人员在向客户微笑、点头或者打招呼示意之后，不要马上打开话题，应该给他们两三分钟的时间，自由地观看车型，淡化陌生感与紧张感。当客户放松下来之后，汽车销售人员就可以通过直接问明需求、聊产品或者轻松地交流来拉近双方的距离。

错误提醒

客户初次走进陌生展厅时，往往会在心里竖起一道防护墙或者壁垒，汽车销售人员如果急不可耐地推销产品，很容易"碰壁"，遭到对方冷淡的回应甚至是排斥。这个时候，销售人员"进一步"不如"退一步"，给客户一定的空间与时间。在与客户第一次接洽时，汽车销售人员不要犯以下几个错误。

1. "饿虎扑食"式	看到客户进店，立刻迎上去询问其需求或者介绍产品，让对方猝不及防
2. "贴膏药"式	客户看车时，销售人员步步紧跟，让对方感到极度压抑
3. "探照灯"式	与客户保持一定距离，但目光死死地盯着客户，让对方感觉不自在、不舒服
4. "烈火"式	过度热情，如与客户拍肩搭背、称兄道弟、端茶倒水、极尽殷勤，这会让对方难以适应

技 巧展示

给客户"三个选择"

大部分客户在首次走进展厅时，他们一方面希望能够自由地、不受干扰地了解展厅环境和陈列的车型；另一方面，如果被汽车销售人员"晾"了太长时间，客户也会感觉受到了冷落，进而变得气愤。所以，汽车销售人员对客户既不能不理不睬，也不能过度热情。

汽车销售人员在客户进入展厅的第一时间，可以微笑点头示意、打个招呼或者做个自我介绍，然后主动询问客户是想先自己参观，还是由销售人员陪同讲解，或者先到休息区看看资料。这样的三个选择，既不失热情，又为对方预留了适应的空间和时间，体现了对客户意愿的尊重。

情景03 客户对销售人员爱理不理

实 景再现

客户在展厅里时而看看这款车，时而摸摸那款车，时而停下来看看新车的广告短片。汽车销售人员在一边观察良久后，向客户走了过去……

汽车销售人员：先生，有没有比较喜欢的车型呢？

客户：……（装作没听见，自顾自地继续看车）

应对1：自助式服务

汽车销售人员：呵呵，很抱歉，打扰您看车了。我叫李明，这是我的名片。您慢慢看车，有任何问题招呼我一声，好吧？

应对2：利益吸引法

汽车销售人员：先生，我们有一款车现在有"万元促销大礼"赠送，您要不要了解一下？

客户：哦，哪一款啊？

汽车销售人员：就是您刚刚看的这款。您选车时一般最看重什么呢？（转入需求挖掘）

应对3：兴趣话题法

汽车销售人员：先生，我们展厅外那一款A品牌车是您开过来的吧？（直击客户感兴趣的话题）

客户：是啊。

汽车销售人员：您这款车的外观霸气十足，十个人看了九个人必定会回头。您看，我们有两位客户完全被您的爱车吸引了，正在那儿观摩呢。（巧妙地赞美，让客户心理得到极大满足）

客户：呵呵，这款车确实不错，我都开了两年了，当初买它的时候……（打开客户的"话匣子"）

情 景分析

客户对汽车销售人员的热情招呼或主动询问反应冷淡的主要原因可能有：一是自身性格如此；二是出于对陌生环境本能的防备和自我保护意识；三是客户的战术，故意表现得不冷不热，先给销售人员一个"下马威"，以便在交易中占据主导地位。要破解这类客户的心理屏障，汽车销售人员最重要的是找到能立刻激发对方兴趣的关键话题，如应对 2 的利益吸引法和应对 3 的兴趣话题法，即使客户都不感兴趣，汽车销售人员也可以采取应对 1 的方法巧妙"撤退"，为下一步接近做好铺垫工作。

错误提醒

汽车销售人员大都是中青年，年轻气盛，在主动热情地接近客户却遭到对方冷淡甚至是抵触的回应时，难免会与客户赌气——你不理睬我，我也不理睬你。这样的想法是错误的，优秀的汽车销售人员应该积极化解客户的冷淡与抵触，而不是针锋相对，争一时之气。

汽车销售人员：先生，有没有比较喜欢的车型呢？

客户：我自己看！

汽车销售人员：那你就慢慢看吧！

技 巧展示

如何激发客户的兴趣

客户肯花费一定的时间和精力来展厅看车，必然是有某些原因和某种程度的兴趣的。如果在接待和接洽的过程中，客户有意无意地表现出了"不感兴趣""很一般""无所谓"式的冷淡，那么最主要的原因不在客户，而在于汽车销售人员没有找准对方的兴趣点，未能激发客户的热情。什么样的话题才能引起客户的兴趣呢？

技巧 1：让客户产生优越感。真诚恰当的赞美，诚恳主动的求教，最能让客户感受到尊重与愉悦。

客户：你们的车型太一般了。

　　汽车销售人员：先生，看来您考察过很多车行，对各款车型一定非常了解，您能不能跟我聊聊您对我们车型的看法呢？我觉得您的想法对我们以后改良产品肯定会有指导作用。

　　技巧 2：为客户分忧。关注客户的实际问题与困难，及时、真诚地表达关切，或提供有效、可行的建议。

　　汽车销售人员：先生，您是感冒了吧？这几天天气变化很大，一不留神就感冒了。来，坐下喝杯热水会舒服一些，这里还有面巾纸，您自便。

　　技巧 3：谈论客户感兴趣的话题：FROM 原则。

　　（1）F——Family（家庭）：谈论与客户家庭或家人有关的话题。

　　汽车销售人员：您孩子真是活泼可爱，他好像很喜欢这车子呢。您看我能不能请他到驾驶座上玩一玩呢？

　　（2）R——Recreation（娱乐爱好）：谈论客户感兴趣的活动与爱好。

　　汽车销售人员：先生，您是不是很喜欢皇马啊？

　　客户：是啊，我可是皇马的铁杆球迷。

　　汽车销售人员：我一看您衣服上的这个标志就兴奋，咱们喜欢同一支球队。您最欣赏哪个球星啊……

　　（3）O——Occupation（工作职业）：谈论客户的职业与工作。

　　汽车销售人员：先生，您是做哪一行的啊？我看您给车拍照的姿势真是非常专业。

　　客户：呵呵，我是个摄影师。

　　汽车销售人员：是吗？难怪呢。我有个朋友是 A 杂志社的摄影师，他平时出门可以不带手机不带钱包，但是一定要带着照相机，见到好素材就拍，您和他要是走在一起，肯定能有聊不完的话题。

　　（4）M——Money（财富）：谈论与财富、理财、花费之类有关的话题。

　　汽车销售人员：我们展厅外停着的那款 A 品牌车是您的吧？

　　客户：是啊。

　　汽车销售人员：那款车在国内可不是轻易可以买得到的啊。当初它推出来的时候，很多客户都为之疯狂呢！

　　客户：那是，这款车不仅价格贵，而且真是一车难求，想当初……

情景04　客户表示只是随便看一看

实 景再现

汽车销售人员：先生，您想了解哪个品牌的车呢？

客户：你不用跟着我，我只是随便看一看。

应对1：套近乎接近法

汽车销售人员：咦，听口音，您是东北人啊。

客户：是啊，我是A市的。

汽车销售人员：乡音听着就是亲切呀。我是B市的，与A市只有两个多小时的车程呢。

客户：听你说话还真是B市人。小伙子，你叫什么呀？

汽车销售人员：大哥，我叫李明，您叫我小李就行。老乡碰老乡不容易，其他忙我不一定帮得上，但做汽车销售五年了，没有我不熟悉的车，您想看什么样的，我给您好好介绍一下……

应对2：直入主题法

汽车销售人员：对不起先生，我主要是想向您介绍一下，小长假马上就要来了，我们车行特别针对三款畅销车型推出了优惠活动，降价幅度最大的比原价优惠了八千多呢。您看，就是这三款车……

客户：（指着其中一辆促销车型）这款车不是你们上半年刚推出来的新款吗？

汽车销售人员：没错，看来您非常内行，信息也相当灵通，这款车您一定了解，能不能说说您对这款车的看法呢？

客户：哦，我认为……

情 景分析

不管销售什么产品，最难应对的就是一言不发、毫无表情的客户，因为销售人员无法了解对方的真实想法，也就无法有效地推进销售流程。客户只要有一点反应，哪怕是一句话、一个眼神，不管是正面的，还是负面的，销售人员都有机会从中找到突破口。一名优秀的汽车销售人员不仅要能引起话题活跃气氛，还要有能在客户反应冷淡时打破僵局、化解尴尬的救场能力。

☹ 错误提醒

错误 1：汽车销售人员要学会品味、揣摩客户话语背后的含意，不能够对方说什么就是什么。客户说"只是随便看看"，并不代表他们无心购买，如果销售人员真的认为客户纯粹是来闲逛的，没有太大价值，那么只会错失很多潜在的机会。

汽车销售人员：先生，您想了解哪个品牌的车呢？

客户：我只是随便看看。

汽车销售人员：哦，好吧，您慢慢看，这是我的名片，您有问题可以找我。（随即转身接待下一位客户）

错误 2：遇到"随便看看"的客户，很多汽车销售人员往往倾向于采取强势的销售策略，以"限期促销优惠""销售紧俏"等说辞来向客户施加压力，这样只会让对方更加警戒。

客户：我只是随便看看。

汽车销售人员：哦，是这样的，先生，我们这个 9.5 折购车的优惠活动今天就要截止了，您要是真想买车，最好今天就定下来。您比较中意哪款车呢？

技 巧妙展示

"物以类聚，人以群分"，从心理上来说，客户往往喜欢和与自己相似或者有某些共同点的销售人员交流，也就是说，当客户与汽车销售人员有一定"交集"的时候，双方很容易找到共同话题，也更容易建立基本的信任关系。因此，汽车销售人员要通过观察和巧妙地询问来发现及挖掘与客户的共同点，并利用这种共同之处来接近客户，下面例举三种比较常用的"套近乎"的方法。

技巧 1：认老乡

"美不美，乡中水；亲不亲，故乡人"，大部分客户都是有乡土情结的，而语音、语调又非常容易显露他们是什么地方的人，因此认老乡是最常用的一种方法。使用这种方法有两种情况：一种是汽车销售人员与客户确实是同乡，那么认老乡是理所当然的；另一种情况是汽车销售人员能够听出客户是哪里人，但并不是老乡，即便如此，也可以巧妙地拉近关系。

汽车销售人员：先生，听您说话好像是 A 省人啊？

客户：是啊，我是 A 省的，你也是？

汽车销售人员：哦，我不是，但我母亲是A省的，我几年前陪她回过一次A省。我母亲每次碰见老家人都会高兴半天，她经常跟我说，让我别忘了A省。

客户：哦，原来是这样。你母亲说得太好了……

技巧2：聊喜好

各人有各自的喜好，而这种喜好经常会体现于人们的衣着穿戴、言谈举止之中。汽车销售人员如果能细心观察，挖掘出客户的喜好与习惯，也能顺利地拉近彼此的关系，例如：

"小姐，您的这件外套好漂亮啊，是A品牌今年最新的款式吧？我非常喜欢A品牌，留意这一款很久了。您穿着真合适，既优雅又大方，就像A品牌的活广告一样……"

"先生，我看您的爱车上印着A登山协会的标语，您不会也是个登山迷吧？我去年参加过A协会的好几次活动，感觉非常棒……"

技巧3：谈热点

有购车实力的客户一般都有一定的知识储备和阅历经验，很有可能对时下热点问题有某些认识和见解。汽车销售人员可以引导客户一起探讨此类问题，并巧妙迎合客户的想法，这也是套近乎的一种方式。

汽车销售人员：先生，最近A公司召回了B系列的车型，您听说了吗？

客户：这个我听说了，我有个朋友的车就是B系列的。现在花上十几万、几十万却难以买到放心车，不像话。

汽车销售人员：是啊，我也是这样看的，车子的安全性能直接关系到人的安全，要是连基本的安全保障都做不到，那买车还不如走路呢，您说对吧。

情景05 客户看了一圈后转身离开

实 景再现

客户绕着展厅走了一圈，大致看了看展台上的车型，然后一句话也没说，转过身就打算离开……

应对1：礼品馈赠法

汽车销售人员：先生，请您稍等一下。

客户：怎么啦？

汽车销售人员：是这样的，我们店为每一位来赏车的客户都准备了一份小礼品，是我们最新推出的一款车的仿真模型，您可以带回家给孩子玩，或者摆在家里，非常漂亮的。（先以小礼品留住客户）

客户：哦，谢谢你。

汽车销售人员：我看您走了一圈好像也没有挑到中意的车是吧？您想了解多大排量的车呢？

客户：1.8L的。

汽车销售人员：我们有好几款1.8L的车呢，我带您看看吧……

应对2：真诚求教法

汽车销售人员：先生，请您等一下。

客户：怎么啦？

汽车销售人员：先生，我想请您帮个忙，很多客户来我们店都会看看车，试试车，您这么急着离开，是对展厅的车不太感兴趣呢，还是我们的服务做得不到位呢？（诚恳求教）

客户：我想看看1.4L的车，看了一圈也没有找到。

汽车销售人员：哦，原来是这样，我们有1.4L的车，在那边，位置偏了些，您可能没注意，我带您过去看吧……

应对3：制造悬念法

汽车销售人员：先生，我敢说，我们性价比最高的一款车您还没有看到呢。（有针对性地制造悬念）

客户：哦，是哪款？

汽车销售人员：您能不能先告诉我，您比较感兴趣的是两厢、三厢还是SUV呢？

客户：两厢的。

汽车销售人员：那我们来看看这一款吧……

情景分析

客户能够走进汽车展厅转一转，即便不打算立即购车，也肯定是有一定兴趣或意向的，很可能是潜在的购买者。汽车销售行业竞争激烈，只要客户走出了展厅，就可能转向其他的车行。只有先把客户留下来，汽车销售人员才有继续销售的可能。那么，如何才能吸引对方的注意，进而让客户留下来呢？应对1所采取的方法是以小礼物打动客户；应对2采取的方法是真诚地向客户求教，以获知对方的真实想法；应对3所采取的是悬念法，针对客户的类别抛出不同的悬念，先提起对方的兴趣，然后根据客户的需求来推介一两款车型。总之，只要能以合理的方式将客户留下来，就绝对不要轻易让客户离开。

☹ 错误提醒

错误1：客户既然只看了一圈就要走，要么是没兴趣买车，要么就是买不起车，这样的客户买车的可能性反正不大，走了就走了。汽车销售人员如果抱定这样的想法，那么很难成长为优秀的销售人员。

错误2：客户如果坚持要离店，汽车销售人员也不能胡搅蛮缠、死缠烂打，这样会有损销售人员个人和店面的形象。

汽车销售人员：先生，今天周末，来了就别急着走啊，看看这款车吧……

客户：不用了，不用了。

汽车销售人员：您不喜欢这辆是吧，那也可以看看那辆啊，我给您介绍介绍吧……

技 巧展示

技巧：汽车销售人员的形象与礼仪

汽车销售有一个区别于其他行业的特点，那就是但凡进入展厅的客户，都有明确的目的：车。如果一个客户进入展厅，没怎么接触和了解车型，仅仅看了一圈转身就走，那么汽车销售人员首先就应从自身来寻找原因：是不是自己形象不整？是不是自己的行为举止不合礼仪？

决定成败的往往是小细节，优秀的汽车销售人员成功的第一步不是掌握高超的销售技能，而是从最基础的形象和礼仪做起。

形象与礼仪	
专业的销售顾问形象	整洁、干净、健康、自然、得体
见面握手的礼仪	握手不是必需的，要待客户有握手意向时，销售人员再"出手"；握手时掌心要向上；握手时不要心不在焉；不要戴手套；不要长久地握住客户的手不放；一般不用左手握手；不要为了表达热情友好而滥用双手握手；不要交叉握手；不要隔着桌子握手
站立讲解的礼仪	站姿应该是挺胸收腹，双脚微分，身体微微前倾，以表现对客户讲话的关注；站立讲解时与客户保持 1 米左右的距离，避免说话时将唾沫溅到对方身上
入座的礼仪	先为客户拉开椅子，待对方坐定后再落座；一般从椅子的左侧入座，尽量不要坐满椅面，上身不要靠在椅背上，身体微微前倾；双腿不要向外敞开太宽，两膝间保持一个拳头的宽度；不要跷二郎腿
上茶的礼仪	为多个客户上茶时，通常的顺序为：先老人，后小孩；先女士，后男士。茶水最好有一定温度，可以让客户慢慢等茶凉，赢得更多的洽谈时间；水倒半杯即可，以免洒出烫伤客户
名片交换的礼仪	应双手递出自己的名片，名片上的名字应正对客户，方便其阅读；客户回赠名片时也要双手接过，认真细看，最好重复客户的名字与职位，遇到不熟悉的生僻字时应虚心请教，不可不懂装懂；不宜随便扫一眼名片就放进口袋中，更不要把玩客户的名片

— 15 —

第2节 全力锁定的客户

情景06 客户直奔着一款车型而来

实 景再现

客户进门后，扫视了一眼展厅，然后大步走向展台上的一款车型，兴奋地摸了摸银色的车身，仔细地看着配置表……

应对1：赞美切入法

汽车销售人员：先生，看来您是行家呀。很多客户进门第一眼都会去看展厅中央的新款车型，您却看中了这款动力强劲、霸气十足的经典车型。

客户：是啊，我好几个月前就开始关注这款车了。

汽车销售人员：您肯定是个非常有激情和干劲的人，而且很有品位。

客户：呵呵，你给我介绍介绍这款车吧……

应对2：卖点切入法

汽车销售人员：这款车被评为"2017年度最佳商务车"，它外型稳重大气，内饰经典大方，超大的车内空间宽松而且舒适，安全性能和动力性能都非常出色。

客户：我朋友前天来试过，他说这款商务车很不错，我也过来看看……

应对3：热点切入法

汽车销售人员：先生，上周的车展您去参观了吗？

客户：哦，去了，很热闹。

汽车销售人员：呵呵，那七天车展里，展出了一千多款车，您现在看到的这一款车成交量排在第一位。

客户：哦，卖得这么好啊……

情 景分析

目的或目标非常明确的客户无疑是购买可能性非常大的"黄金客户"。他们购车前就已经锁定了一款或者几款车型，因此，在进入展厅时，他们往往会立即开始寻找甚至"直扑"有购买意向的车型。对于这类客户，汽车销售人员最直接、最有效的方法就是直接以目标车型的独特卖点或优势来切入，让客户对车子的兴趣和购买意向更加浓厚、强烈，从而为双方进一步接洽打开话题。

😞 错误提醒

错误 1：汽车销售人员都希望能在第一时间抓住客户的兴趣，让对方相信店内的车是值得购买的。因此，汽车销售人员很容易犯一个错误，那就是"王婆卖瓜，自卖自夸"。不管客户是打量一款车，还是询问一款车，销售人员都迫不及待地强调这款车"好""不错""买了绝对值"，这样夸一两款车客户还能接受，但连续如此就会让客户觉得销售人员不实在，难以建立信任感。

错误 2：在发现客户对某款车颇有兴趣时，汽车销售人员为了坚定客户对该车的购买意向，往往会急匆匆地将打折促销的信息一股脑儿先抛出来，这种做法是不可取的。打折促销是后期议价过程中的重要筹码，提早将自己的"底牌"透露给客户，即便能让对方对这款车有兴趣，也势必会大大增加议价时的困难。

客户：这款车看起来真不错。

汽车销售人员：是啊，先生，现在买这款车是最划算的，因为我们正在进行 95 折的优惠促销活动，还送价值 3 888 元的大礼包呢！

客户：哦，是吗？（客户很有可能会在销售人员透露的优惠幅度的基础上要求更大的价格让步）

技 巧展示

技巧 1：分辨客户类型

每天进出展厅的客户非常多，有的客户非常清楚自己需要什么样的车，而有的客户对自身的需求还比较模糊；有的客户可能要在几天内买到中意的车，而有的客户可能并没有明确的购车计划。对进店的客户进行分析、分类，是汽车销售人员必须掌握的一种工作方法，这能提升其销售工作的效率与成功率，也能为销售人员制订跟进计划提供参考。按照需求的明确和紧迫程度，可以将潜在客户分为以下四类。

客户类型	需求特征	行为表现
目的明确型客户	有意购买，并有清晰、具体的目标	注意力非常集中，想深入了解某些车型或者具体的某款车，详细询问价格、付款方式、动力性能、安全性等问题
对比考察型客户	已经锁定了某些品牌或车型，正进行深入的考察与对比	主动要求试乘试驾、主动留电话、要求及时获得促销与优惠信息
目的半明确型客户	有意购买，但没有预定目标，或者目标不具体、不明确	对汽车各类指标与特色询问比较仔细，但总体上有较为明确的方向和范围。例如，主要询问价格在 8 万元至 10 万元之间的车型，或者两厢车、三厢车等
闲逛型客户	近期没有购车的打算，只想了解情况，增加知识，为今后买车做准备	东张西望，神态轻松，对各类车型都比较感兴趣，了解的信息范围广泛但不深入

技巧 2：选准接近客户的最佳时机

汽车销售人员选择什么时机去接近客户是很关键的：过早接近，可能会让对方紧张甚至厌烦；过晚接近可能让对方有被怠慢、被忽视的感觉。那么，汽车销售人员在什么样的情景下接近客户比较合适呢？

接近客户的时机	客户的心理意图
客户走进销售中心并四处观望、打量	客户在寻找意向车型，或者需要某方面的帮助
客户欲言又止	客户可能有疑问或需要某些帮助
客户与销售人员有眼神接触	客户想获得销售人员的帮助，或者正在观察销售人员
客户突然停下脚步，神情兴奋，眼睛发亮	客户可能看到了他比较感兴趣的车型，或者留意到了展厅内的某些特色之处
客户直接询问或走近某款车型，并长时间打量、观摩	客户有明确的鉴赏或购买目标或范围，有比较强的购买意向，不大可能排斥销售人员专业的介绍和建议
客户驻足认真观看宣传片，或店内悬挂展示的其他介绍性资料	客户试图对店方、品牌、车型等进行深入了解，以确定卖方的资质和实力

需要注意的是，并非每位进入展厅的客户都会有上述反应，什么时候最适合接近客户是没有万能公式的。即使对方不希望被打扰，但只要汽车销售人员能以真诚的微笑迎接客户，就不会给对方留下过于负面的印象。

情景07　客户开门见山地询问价格

实 景再现

客户在一款车前停下了脚步，看了几眼后，向汽车销售人员招了招手，直接就询问这款车售价是多少……

应对1：转移话题法

汽车销售人员：呵呵，先生，这款车的价钱，我先和您卖个关子，看您挑车的眼光，就知道您对汽车也是比较内行的。您选车的时候，对于动力性能、安全性、舒适度，还有经济性等因素，您最看重什么呢？

应对2：忽视跳跃法

汽车销售人员：先生，您主要是想看看 A 系列的车是吗？

客户：对啊。

汽车销售人员：A 系列共有四款不同配置的车型：时尚型、运动型、舒适型和豪华型，能够满足驾驶者不同的偏好，您更喜欢哪种风格的呢？

客户：带我看看运动型的吧……

应对3：模糊应答法

汽车销售人员：这个系列的车有四款不同配置，价位在 8 万元到 11 万元之间。与同价位的其他车型相比，这一系列的车有两个非常独特的优势，是同类车型都不具备的。您愿意了解一下吗？

客户：是吗？哪两个？你说来听听……

应对4：反探底价法

汽车销售人员：先生，我觉得您对这款车好像非常熟悉，以前有没有试驾过呢？

客户：我在另一个车行看过，都快定下来了，但是他们报的价格比网上的要贵好几千元呢。你们这里最低价是多少啊？

汽车销售人员：这款车网上的报价在12.5万元到12.8万元之间，不知道那个车行给您报的价是多少呢？

客户：他们报的是12.9万元……

情景分析

客户每看到一款车时就开门见山地直接询问价格，这种行为很大程度上是出于其消费习惯，事实上客户不一定非要得到一个明确的答案。每一宗生意谈判，尤其是汽车这样的大件商品买卖，双方会一直不停地试探对方的底价，而过早报价会让汽车销售人员丧失议价的主动权。因此，面对接触初期阶段的客户的问价，汽车销售人员可以用模糊的区间价格来应答，或者以其他的话题来转移客户的注意力和兴趣。但是，有一种特殊情况需要销售人员注意，即客户对某款车型已进行过深入的了解和考察，只剩下价格问题，在此种情况下，汽车销售人员也不要爽快地报价，而是要先反过来试探清楚客户的底价，然后再做下一步的应对。

错误提醒

错误1：汽车销售人员在报价或者抛出促销优惠信息时一定要把握好时机，尽量不要一上来就把自己权限内的底价以及优惠幅度过早地告知客户。

客户：这款车卖多少钱？

汽车销售人员：12.8万元。

客户：太贵了，最多能便宜多少？

汽车销售人员：我最多能给您便宜2 000元。

错误2：汽车销售人员在应答价格问题时，既要把握好时机，也要注意说话的语气、语调和措辞，不要让客户有被轻视、被奚落的感觉。

客户：这款车多少钱？

汽车销售人员：这款车价钱可一点都不便宜哦，是我们最高端的一款呢。

客户：你什么意思啊！怕我买不起吗？！

技巧展示

主导话题

在选购汽车时，很多客户的思路是先问问价格，然后与自己的预期价格和实际可支付价格比较一番，以便决定有没有必要对该车做深入的了解。对汽车销售人员来说，最理想的流程是先引导客户详细地了解产品的特色和优势，当客户认识到汽车的价值以及自身的需求后，再水到渠成地报出价格。要让开门见山询问价格的客户能够跟着汽车销售人员的思路走，销售人员就必须学会主导和控制话题。

主导话题就是指销售人员有意识地控制双方洽谈的主题内容，掌握洽谈的发展趋势和方向，保持主动，避免被客户牵着鼻子走。主导控制话题常应用于以下两种情况。

技巧 1：将话题从不利引向有利的方向

当客户提及负面的或者不利于销售的情况和问题时，汽车销售人员应将话题引向积极的或者有利的方向。上文情景中，销售人员在应对客户"开门问价"这一状况时，使用了转移话题法、忽视跳跃法和模糊应答法，这就是在主导话题，将话题转移到有利于销售的方向。

客户：你们公司最近召回了一批车，是吗？

汽车销售人员：是的，我们是在对一位车主进行回访的时候发现天窗容易松动这一问题的，公司非常重视，主动召回了 126 辆车，真的很感谢这些车主对我们召回行动的支持。根据我们后来的回访，满意率达到了 100%。您放心，我们对每一辆车都会负责任的。看来您对汽车质量和安全性能非常重视，是吧？

技巧 2：将话题引向更全面、更深入、更系统的方向

大部分选车购车的客户对汽车的了解程度和深度往往是比较有限的。因此，当客户提起关于产品的话题时，汽车销售人员可以加以拓展和延伸，将话题引向更全面、更深入、更系统的方向，这样既能吸引客户，又能体现自身的专业素养，把产品解说得更加有条理、有逻辑。

客户：这款车的发动机性能怎么样？

汽车销售人员：先生，看来您非常懂行，发动机是汽车的心脏，也是您看车选车时最需要考虑的三个因素之一。

客户：哦，你说的三个因素是指什么啊……

情景08　客户考察之后又再度到访

实 景再现

张先生上周来过展厅，了解了两款车型，但当时没有定下来。这天，张先生再次来到店里，上次负责接洽的汽车销售人员李明一眼就认出了张先生，于是微笑着迎了上去……

汽车销售人员：张先生，欢迎您再次光临我们店。我是李明，小李，您还有印象吗？（熟练称呼客户，让对方有亲切熟悉之感）

客户：哦，对，上周是你给我介绍车子的。

应对1：

汽车销售人员：张先生，上次您时间紧，也没来得及试车，今天要是不忙的话，试试车吧。您还是看上周的那两款车吗？（回顾上次接洽细节，体现对客户的重视与关注）

客户：嗯，我这几天跑了两家店，看了看其他品牌的几款车，今天想再看看上次的那两款。

汽车销售人员：您真是个追求完美的人，为了选到爱车，这么热的天气也不在乎。我相信，有这股劲，您一定能选到满意的好车。这边请，我带您看车……（积极的暗示语言，给客户充分信心）

应对2：

汽车销售人员：张先生，上次您来看车时，感冒很厉害，现在好些了吧？（记住上次的接洽细节，真诚表达关怀）

客户：呵呵，谢谢你的关心。过了一个星期，现在全好了。

汽车销售人员：现在正是冷暖交替的时候，一不小心就容易感冒，您要多多注意。今天您还是看上周的那两款车吗？

客户：嗯，今天可以试驾吗？

汽车销售人员：没问题，上次就应该安排您试驾的，只是预约的人太多，所以让您失望了。您走之后我就做了试驾安排，今天保证让您试车……（展现细心周到的服务态度）

情 景分析

汽车消费的投资金额比较大，而且直接关系到人们的生活品质和人身安全，因而，在购车时，客户当然免不了小心谨慎、左右权衡。在正式购买之前，客户考察多家车行，对比各款车型都是很常见的。所以，当客户再度光临展厅时，汽车销售人员一定要高度重视，有两点需要注意：一是亲切，要能熟悉地称呼客户，能够提及前次接洽时的细节，热情而自然，让客户有"宾至如归"的感受；二是冷静，即使能够判断客户极有可能在这次考察中作出购买决定，销售人员仍然要保持冷静，不能流露出急迫或窃喜的表情。

错误提醒

错误 1：接待再度到访的客户时，汽车销售人员最不应该犯的错误就是有意或者无意地奚落、取笑客户。

汽车销售人员：张先生，怎么样，上一次我就说过，您不管怎么比较，我们家的汽车售价是最便宜的，现在您相信了吧？

汽车销售人员：张先生，上一次我劝您买，您非要比较比较，这不，现在 9.5 折的优惠活动都截止了，您后悔了吧？

错误 2：一般车行都有规定，再次到访的客户仍然由先前接洽的销售人员负责跟进，因此，当汽车销售人员接待其他同事的客户时，一定要帮助客户找到对应的负责人，不能置之不理。

汽车销售人员：先生，请问您上次来是谁负责接待的呢？

客户：好像是一个姓刘的小伙子。

汽车销售人员：哦，他现在吃饭去了，您坐这儿等吧，他来了会给您作介绍的。（说完就撇下客户，转身接待刚进店的其他客人）

技 巧展示

客户对一家车行考察的次数越多，他们的好感与购买意向也就越强烈，成为准客户的可能性也就越大。接待这类客户时，汽车销售人员要注意以下四点。

1．接洽之前首先要问明客户以前是否来过车行，如果不是首次到访，汽车销售人员要问明之前负责接待的销售人员姓名，并帮助客户找到相应的接洽人，不能因为不是自己的客户就怠慢或者不理不睬。

2．在知道对方姓名的情况下，要亲切礼貌地打招呼，以拉近双方距离，唤起客户的熟悉感与好感。

3．可适当聊一些关于客户生活或者近况的话题，以表示关心，增加亲切感。

4．保持稳定的情绪，不要喜形于色，相反，应以高度的敏感和认真态度来推荐适合客户的车型，因为这很可能是客户购车之前的最后一次洽谈。

情景09　老客户介绍的新客户来访

实 景再现

一位客户走进展厅，四下张望了一会儿，便向服务台走去……

客户：谁是李明啊？

汽车销售人员：（快步上前迎接客户）先生，您好，我就是李明，您可以叫我小李。您怎么知道我的名字呢？

客户：哦，几个月前我朋友赵立在你这里买了一辆车。他说你态度不错，很懂车，所以让我看车就来找你。

汽车销售人员：哦，赵大哥，对，他4月中旬在我这儿买下了A品牌的一款车。6月他还带着他同事刘先生过来也买了一辆车。赵大哥最近好吗？车子开得顺心不？（记住与老客户接触的细节，表达关切与重视）

客户：他挺好的，车子也不错，我还试过他的车呢。

汽车销售人员：这就好。对了，先生，还不知道怎么称呼您呢？

客户：我姓张。

汽车销售人员：那我就叫您张大哥啦。您有看好的车型吗？

客户：还没有。

汽车销售人员：没关系，您时间不急的话，我可以带您在展厅转一圈，每款车都看一看。

客户：好啊……

情 景分析

老客户能介绍新客户上门来看车，这对汽车销售人员来说是一种极高的认可和赞赏。对于这样的新客户和销售机会，销售人员一定要倍加珍惜。既然新客户是老客户介绍来的，那么汽车销售人员首先要主动地关心和询问老客户的近况，这会让新客户更加相信销售人员是值得信赖的。接待这类客户时，销售人员应该展现出高度的重视程度和非同一般的接待规格，从而增加客户的满意度和愉悦感。需要注意的是，在接待完新客户后，汽车销售人员一定不要忘记给老客户打个电话，介绍一下接洽的情况，并表达谢意。

错误提醒

错误 1：老客户介绍来了新客户，无论是介绍人，还是被介绍人，心理上都希望能得到汽车销售人员超乎寻常的尊重与优待。如果销售人员像接待普通客户一样对待这类客户，那么对新、老客户来说都会造成情感上的伤害。

客户：我朋友赵立几个月前在你这里买了辆车，他介绍我来的。

汽车销售人员：哦，您要看什么配置的车？

客户：……（这个销售人员怎么一点人情味都没有啊？）

错误 2：汽车销售人员一定要牢记老客户的信息。如果老客户带来了新客户，可是销售人员却根本记不起关于老客户的任何信息，这样的情况不仅尴尬，而且会打击老客户，赶跑新客户。

老客户：小李啊，我几个月前在你这里买的车，有印象吧？这是我朋友，他也想买车。

汽车销售人员：（对老客户）您是？

老客户：你都不记得我啦？

汽车销售人员：每天接待的客户太多了，我对您有点印象，但名字确实记不起来了。

老客户：哼，真是贵人多忘事！算了，我们不看了！

技 巧展示

转介绍客户接洽的要点

一位汽车销售人员最有成就感和自豪感的时刻不是在签约时，也不是在顺利交车时，更不是在客户连声称赞时，而是在老客户主动介绍的新客户上门时。转介绍是老客户对销售人员最高程度的认可与支持。如果汽车销售人员能够得体地做好新客户的接洽工作，就非常有可能获得源源不断的转介绍机会。那么，新客户接洽需要注意哪些方面呢？

技巧1：牢记老客户接洽细节，主动表达关切与问候

无论新客户是自己登门还是由老客户亲自引领来店的，汽车销售人员首先要关心的不是新客户想买什么车，而是老客户的近况如何，车辆使用情况如何，这期间还可以看似无意地提及一些老客户当初买车时的细节，例如购买的车型、品牌、提车时间等。这样做并不是在怠慢或者冷落新客户，相反，新客户看到销售人员对老客户如此关注，就会更加放心，对其更加信赖。

技巧2：亲切热情、细致周到，让新客户倍感尊荣与优待

新客户既然是由老客户介绍的，自然不同于普通客户，汽车销售人员在接待时应该更亲切一些、更热情一些、更细致一些、更周到一些，这会让新客户倍感尊荣与优待，会觉得很有面子，而新客户有面子，老客户自然也会很高兴。

技巧3：喝水不忘挖井人，及时、真诚地致谢老客户

"喝水不忘挖井人"，老客户介绍其他新客户，这是一种对汽车销售人员可贵的信任。汽车销售人员与新客户接触后，应该及时打电话或者面访老客户，或者寄出感谢信与小礼品，一方面表达真诚的谢意，另一方面也要主动地告知与新客户接洽的情况。这样做老客户会觉得销售人员很有人情味，从而对其更加信任，不仅会给出有关新客户的信息以及跟进的建议，还可能主动地帮销售人员去劝说新客户，甚至介绍更多有购车意向的客户。

技巧4：当着新客户赞美老客户，当着老客户赞美新客户

汽车销售人员要清楚两点：第一，客户都很难抗拒赞美所带来的愉悦感，并且，在客户看来，背后的赞美比当面的赞美往往更显真诚；第二，老客户之所以会推荐新客户，说明他们之间是有紧密联系的，这种联系可以巧妙地加以利用，为销售工作服务。因此，汽车销售人员可以当着新客户的面赞美老客户，当着老客户的面赞美新客户，这样的赞美对销售的达成能起到事半功倍的作用。

当着新客户赞美老客户	"原来您是赵大哥介绍来的啊，赵哥可不简单，我做了五年汽车销售，可是从来没遇到过对汽车那么懂行的人，赵大哥是唯一的一个，我很佩服他。" "能结识赵大哥这样的朋友我真是很幸运，他白手起家创业，什么苦都能吃，每次我在工作中遇到困难，我都会想起他的经历，他是我的榜样。"
当着老客户赞美新客户	"赵大哥，您介绍的张大哥真了不起，我陪他去试驾，他的车开得又快又稳，很熟练，这么高超的车技，我怎么也想不到他只有不到一年的驾龄！" "赵大哥，您介绍的张大哥真是个不简单的人。他在我们展厅只待了不到一个小时，可是车行十多个同事都跟他熟悉了，我们经理都说，交际能力这么强的人他也是头一次碰上呢！"

情景 10　特殊客户须给予特殊关照

实景再现

情景 1：客户张先生带着妻子和儿子，一家人一起来看车

汽车销售人员：（半蹲，微笑着与孩子保持平视）小朋友，你叫什么名字啊？

张先生：我们家这孩子容易认生，小名叫强强，不大爱说话。

汽车销售人员：张先生，张太太，我看，强强虽然不爱说话，可是眼睛里透着灵气呢。他好像非常喜欢这款车，您看我可以让他坐到驾驶座上玩一会儿吗？

张先生：呵呵，我还担心你们这里不允许呢。他就喜欢汽车，肯定乐意。

（销售人员让强强坐到了驾驶座上，孩子不哭不闹，兴致勃勃地玩耍起来。张先生夫妇非常满意。销售人员抓住时机与客户攀谈了起来。）

情景2：一对夫妻走进了展厅，其中的女客户是一位准妈妈

汽车销售人员：人们都说准妈妈、准爸爸是最幸福的，一看您二位，就知道这话一点儿都不假。

客户：呵呵，谢谢。

汽车销售人员：（向女客户）您累不累？今天天气这么热，一路过来肯定很辛苦，要不先到休息区坐一坐，我给您拿些资料看看。

女客户：好的，谢谢你。

情景分析

特殊的客户是指"老幼病残孕"客户。接待他们时，汽车销售人员要多留心一些，在客户需要帮助的时候要及时伸出援手。当然，有一些客户（例如老人、残疾人）可能相对要敏感一些，如果他们拒绝或者排斥他人的帮助，销售人员也不必觉得尴尬或者沮丧，应该尊重客户的感受。对特殊的客户来说，真诚的微笑和赞美更能打动他们，拉近双方的距离。

错误提醒

错误1：汽车销售人员接待老幼病残孕客户时，一定要注意说话的方式和内容，不要触及客户的忌讳，或者引发对方的不满情绪。

汽车销售人员：（对孩子）小朋友，不要乱摸展台上的车，我们早上刚刚擦干净的。

汽车销售人员：（对老人）老大爷，展厅里人多，您走路小心点。

错误2：即便主动、友好的关照与帮助被客户拒绝了，汽车销售人员也不能责怪或者埋怨客户。

汽车销售人员：老大爷，我们展厅刚做完保洁，地比较滑，我扶您一把吧！

客户：不用了，我还没老到动弹不了的地步呢。我自己走。

汽车销售人员：您怎么这样啊，我是好心……

技巧展示

走"一老一小"路线

汽车消费群体以中青年为主，很大一部分客户刚好处于"上有老、下有小"

的年龄段。因此，这类客户在选车、购车时经常带上父母和妻儿，全家齐上阵。这种情况下，如果准客户不容易接近或者不好打交道，汽车销售人员不妨采取迂回战术，从老人和孩子身上寻找突破口。

敬老、尊老、孝老是中华民族的优良传统，老人心情愉悦了，全家都会随之活跃起来。现代家庭的孩子多是"独苗"，家里人更是将其视作"掌上宝"，如果销售人员能和孩子相处融洽，准客户自然会看在眼里，喜在心里。因此，"一老一小"路线是非常值得尝试的一种获取好感、建立关系的绝妙方法。那么，汽车销售人员可以通过哪些方法与老人孩子融洽相处呢？

1. 与老人打交道

（1）赞美老人的家庭关系，例如父慈子孝、儿孙有为、家境丰足等

"老先生，您真是好福气，看您这一大家子真是令人羡慕，儿子和儿媳脾气这么好，肯定非常孝顺您，小孙子活泼伶俐，是您的开心果吧？"

"阿姨，您和您儿媳的关系可真是不错，刚开始我还以为你们是母女呢，太让人羡慕了。"

（2）夸赞老人的身体状况

"老先生，您身子骨可真不错，我看您一路走进来步子迈得又急又稳，我爸才六十多，身体都赶不上您，要是他能有您一半的精气神，那该多好啊。"

"阿姨，您是不是以前练过舞蹈啊？我看您体型保持得这么好，而且举手投足跟别的人很不同，非常有气质。"

（3）向老人真诚求教

"阿姨，您这头发是怎么保养的啊？乌黑透亮，一看就知道肯定不是染出来的。您看，我这个年纪，都能找出白头发了。您可要教教我，怎样保护才能不长白头发呢？"

"老先生，您是不是从来不用老花镜啊？我看您眼睛炯炯有神，精气神十足呢。您看我，这眼镜已经是六七百度了，您是怎么保护视力的啊？"

2. 与孩子打交道

孩子高兴了，父母看车的心情也会大好；孩子如果哭哭啼啼，家长即使对车子非常感兴趣，看车的热情与乐趣也会降低很多。因此，接待带孩子的客户时，汽车销售人员首先要做的就是安抚好小孩，让客户可以专心、安心地赏车。具体的方法有以下几种。

（1）给孩子讲故事

孩子是最喜欢小故事的，如果汽车销售人员能在日常生活中多积累一些有趣

的故事或奇闻异事，并能绘声绘色地讲述出来，孩子一定会"童心大悦"的。给孩子讲的故事必须是文明的、容易理解的、有意义的。

"小朋友，我看你很喜欢这车呢，你想不想知道世界上第一辆车是怎么造出来的呢？"

"小朋友，你真了不起，这么小的年纪就知道这么多汽车品牌，那么你想不想听听我们 A 品牌的故事呢？"

（2）赠送礼品或糖果

对上门参观的客户，展厅一般都会备有小礼物、饮料、茶点或者糖果，如果有比较适合的馈赠品，汽车销售人员要在征得家长同意的情况下亲手送给孩子。

"小朋友，你喜欢这辆车是吗？我送一辆给你好不好？当然了，我送的不是真的车子，是玩具车模，你看，喜欢吗？"

"小朋友，你喜欢喝什么饮料呢？我们店里有好几种，我带你去挑一挑，好不好？"

（3）与孩子交流学习与生活

很多孩子喜欢与他人分享自己在学习与生活中的经历，汽车销售人员可以主动引出一个话题来引导孩子说话，需要注意的是，销售人员不要提及过于隐私的问题，以免引起家长的误会或反感。

"小朋友，我看你走路一蹦一跳的，动作非常好看，你是不是上过舞蹈班呢？"（正确）

"小朋友，你穿的这条裙子很漂亮，像小公主一样，是妈妈还是爸爸给你买的呀？"（正确）

"小朋友，你家在哪里啊？在哪所学校上学啊？"（涉及家庭隐私，不建议使用）

（4）与孩子一起活动或互动

在家长许可的前提下，汽车销售人员可以参与或者发起孩子感兴趣的活动。

"小朋友，你这么喜欢这辆车，想不想到车里坐一坐、玩一玩？"

"小朋友，你喜欢魔术吗？你要是肯把你的遮阳帽借给我，我来给你变个魔术好不好？"

留住客户的三个绝招

1. 馈赠礼品：大多数客户都不会拒绝一份精美、实用的小礼品，而得到礼品后，客户往往会因为这份意外的惊喜而乐意与汽车销售人员多聊几句，这无疑为销售人员争取到了更多的时间和机会。

"先生，您等一下，感谢您光临我们车行，这份小礼物是一份新年台历，上面有12款我们公司最经典的车型图片，装帧高雅、精美，很适合像您这样繁忙的商务精英。您看看，喜欢吗？"

2. 真诚求教：客户或许会提防销售人员力劝自己购车的言语行为，却不大会提防销售人员的真诚求教。事实上，只要汽车销售人员诚恳地请教，大多数客户是乐于分享自己的想法的。

"先生，我观察到，您在我们展厅待了一刻钟，您留意的都是几款以特色见长的车型，看来您对汽车不是一般的了解，能麻烦您在这个留言簿上给我们提一两条建议吗？"

"先生，您好！刚才我无意中听到了您与朋友的讨论，看得出您对发动机非常内行，您觉得我们这几款车采用的发动机性能怎么样？"

3. 制造悬念：好奇之心，人皆有之，汽车销售人员如果能够制造悬念，充分引起客户的好奇和兴趣，也是留客的一种好方法。运用这种方法时需要注意两点：一、悬念要因人而异，对不同类型的客户制造不同的悬念；二、不能以莫须有的悬念来吸引客户，销售人员制造出来的悬念必须是解释得通的，有凭有据的。

对追求时尚的客户，销售人员可以说"先生，我敢说，我们今年最新最潮的一款车您还没看到呢……"

对女性客户，销售人员可以说"小姐，我们有一款车被称为'都市白领丽人最爱车型'，您刚才注意到了吗？"

对追求高档品位的客户，销售人员可以说"先生，××先生（社会名人）昨天从我们这里提走了一款车，是我们今年专门针对高档客户推出来的，您刚才看到了吗？"

Chapter 2

第2章

需求：从满足到引导

◆ 获取客户个人的信息资料

◆ 分析客户购车的主要原因

◆ 挖掘客户重点关注的因素

◆ 探询客户购车的预算计划

◆ 了解客户中意的理想车型

◆ 掌握客户购车的时间计划

◆ 理清购车的关键决策人物

◆ 判断客户的市场了解程度

◆ 升级客户的需求紧迫程度

◆ 如何进行展厅内静态演示

◆ 如何渲染汽车的特色卖点

◆ 如何激发客户的兴趣好奇

◆ 如何应答客户的产品疑问

◆ 如何向群体客户介绍汽车

◆ 如何评价竞争对手的车型

客户的购买行为，一般都建立在自身需求之上。客户的需求越迫切，其购买欲望就越强烈，购买决策也就会越迅速、越果断。汽车销售人员只有充分了解和掌握了客户的需求及动机，才能对号入座地推荐适合对方的车型，才能对症下药、有主有次地介绍产品，才能最大可能地达成销售目标。

汽车销售人员工作日志

　　当我询问客户为什么想买车，大概想了解什么价位的车时，客户看了我一眼，很不友善地回道"你问这么多干什么"……

　　我注意到客户的衣着非常上档次，购买力应该不成问题，于是我推荐了一款售价 30 多万元的高档车，客户看了一眼，嘟囔了一句"我可买不起"……

　　客户对每一款车都很喜欢，很感兴趣，于是我一一做了介绍，可是所有车都看过一遍，我还是不知道客户最喜欢哪一款……

　　客户一直在挑毛病——这款车安全性能不太好；那款车不够漂亮；这款车价格太贵。客户到底最看重哪些方面呢？到底什么样的车型才适合客户呢……

第1节　客户分析

情景11　获取客户个人的信息资料

实 景再现

情景1：了解客户的职业信息

汽车销售人员：张先生，您是不是 A 医院的医师啊？（旁敲侧击询问）

客户：不是啊，怎么啦？

汽车销售人员：哦，很抱歉，昨天我的一个老客户打电话给我，说他的一位医师朋友今天要来我们展厅看看车，我看您这么亲和，而且穿戴非常整洁有品位，我以为您就是那位医师朋友呢。（客户难以抗拒的赞美）

客户：哦，不是，我是搞建筑设计的。

情景2：了解客户的驾龄信息

汽车销售人员：张先生，您可以坐到驾驶席上，试试看感觉如何……看您操作这么熟练，您至少有两三年的驾驶经验了吧？（顺势询问，不着痕迹的赞美）

客户：呵呵，没有啦，我去年才拿到驾照，周末的时候经常会开我朋友的车出去玩玩。

情景3：获取客户的联络方式

汽车销售人员：张先生，选车不是一件小事，尤其是对男士来说，一款好车就像一个好兄弟一样，您说对吧？

客户：你这话说得一点不假，好车就像好兄弟一样。

汽车销售人员：要选对车，不能光看这款车的资料，也不能光听我所讲的，最主要的是能亲自试车，要是能在专业的试驾场就更好了，您说是不是？

客户：你们最近有试驾活动吗？

汽车销售人员：张先生，您真不愧是在商海里磨练出来的，反应真快。是的，我们这个月将举办一次大型试驾体验活动，在专业的试驾场，您可以给我留一个联系方式，我会提前一周通知您，到时候您可以选择几款感兴趣的车好好试驾一番。

客户：这样啊，行，我的电话号码是×××……

情景分析

"知己知彼，百战不殆"，挖掘客户需求最基本的一步就是了解客户详细的个人信息。汽车销售人员对客户了解得越多，认识得越深，越可以准确地剖析出对方的喜好、消费水平、购车顾虑和异议等。在询问个人信息的时候，汽车销售人员不应该像查户口一样盘问，这样很容易引起客户的警惕、反感甚至是排斥，应该掌握灵活的询问方式，把握好时机与尺度，轻松而自然地向客户提问。

错误提醒

错误1：汽车销售人员不要一次性问太多问题，这样目的性太强、太明显，会让客户产生不悦，有被审问的感觉。

汽车销售人员：您之前开的是什么车啊？开了多少年了？感觉怎么样？

客户：……

汽车销售人员：您是做什么的？您家人也开车吗？买这款车主要是您还是您家人驾驶呢？

客户：……

错误2：在挖掘客户个人信息资料时，汽车销售人员一定要有分寸，不要询问过于隐私的问题。

汽车销售人员：张先生，您在哪家公司上班啊？

客户：A公司。

汽车销售人员：哦，那是个不错的公司。听说工资很高的，像您这样的管理层，年薪能拿多少啊？

客户：……

技巧展示

技巧1：客户的个人信息，只要对方乐意分享，汽车销售人员当然是了解得越全面越深入越好，其中有一些关键性的信息是销售人员应该掌握的。

客户信息	具体内容	意义与用途
个人资料	姓名、联系方式、住址、年龄、文化层次、性格特征、兴趣爱好等	便于联系拜访客户，寻找与客户之间的共同话题
家庭情况	婚姻状况、家庭成员、家庭收入，是否有孩子或老人等	判断客户的消费能力、购车用途、重点考虑因素、是否有决定权
工作情况	工作单位、工作地点、职位、工资水平等	判断客户的消费能力
驾龄信息	以往所用车辆品牌、车型及使用情况，实际驾驶时间等	判断客户对车辆的熟悉程度以及车型、品牌偏好

技巧2：询问客户信息的技巧

客户在与陌生的汽车销售人员交流时，或多或少都有自我保护的意识，当被问及具体的个人信息时，往往会出于防范或者戒备而拒绝回答或者敷衍应对。要想最大程度地消除或者缓解客户的这种负面情绪，获取真实的信息，汽车销售人员在挖掘对方的信息时应该灵活掌握以下询问技巧。

问询技巧	具体含义	话术示例
直接询问	现场气氛轻松、融洽，或者双方之间有一定的好感和信任基础时，销售人员可以直接询问客户	您是从事什么工作的呢 您有几年驾龄了 您的手机号码是多少
旁敲侧击	当销售人员对所要了解的问题有一定把握时，可以旁敲侧击地试探性询问	您是北方人吧 您应该不是第一次购车吧 您应该是选家用车吧
提前声明	预先主动告知客户要询问的内容以及这些信息的意义与用途，尽量取得客户配合	为了节省您宝贵的时间，给您推荐合适的车型，我想向您请教两个问题，您看没问题吧

（续表）

问询技巧	具体含义	话术示例
顺势询问	顺着客户主动提起的话题询问，这样既不显得唐突，又会让客户觉得销售人员机敏灵巧	客户：你们这家店的位置真偏，我开车绕了一大圈才找到这儿 销售人员：是呀，很多客户都说我们这里有些难找。店外那辆车就是您刚开过来的吧？真漂亮，您是什么时候买的啊
隐私交换	在一些共通性话题上，销售人员可以先介绍自己的信息，引起客户的兴趣与共鸣，从而让对方主动透露信息	销售人员：我断断续续也开了三年的车了，可是看您操作这车比我还熟练，您至少得有五六年驾龄了吧 客户：没有啦，我一年前才开始学车，刚拿下驾照不久呢
穿插询问	避免一次性、密集式地提问，可以将问题化整为零，穿插到销售的各个环节中进行询问	例如，在客户试驾前可以询问其驾驶经历及熟悉的路况；与客户熟悉后可以自然地询问其职业及家庭情况；在客户即将离店时询问其联系方式等
赞美缓冲	真诚的赞美是最好的开门钥匙，客户在赞美的愉悦感中很容易放松警惕，因此在询问问题之前不妨先赞美客户一番，以起到有效的缓冲作用	销售人员：先生，您的眼光真不错，这款车从上市以来就让很多人为之疯狂

情景 12　分析客户购车的主要原因

实 景再现

情景 1：客户积极配合销售人员的问询

汽车销售人员：您买车的主要用途是什么？

客户：上下班啊，我家离公司有一个小时的路程，公交车不方便，买辆车会好一些。

汽车销售人员：您这么年轻就可以拥有自己的私家车，真是让人羡慕呢。您有没有看好的车型呢？

客户：还没有。

汽车销售人员：如果您是为了上下班方便，而且对动力性能要求不是非常高的话，我建议您可以看一看1.6L排量的车型，这类车型经济实用……

情景2：客户不理解或者不配合销售人员的问询

汽车销售人员：张先生，您买车的主要原因是什么？

客户：车子嘛，当然是买来开啦，哪有什么原因可讲啊！（不理解、不配合、不高兴）

汽车销售人员：呵呵，不好意思，我问得有些唐突了。是这样的，您看，我们展厅各种配置、各种型号的车都有，但每一款车都有它们最适合的用途，例如，这一款最适合商用，而那一款最适合有孩子的家庭，那边的那款就很适合喜欢休闲度假经常出游的客户。我想知道您买车的主要原因，这样我也好为您推荐最合适的车。（推心置腹，巧妙圆场）

客户：哦，我买车主要是商用，平时见客户、接客户要用的。

汽车销售人员：这样的话，您选择的车应该要有一定的档次，能体现您的实力，而且要安全，舒适性要好，您说是不是这三点？（精练准确，体现专业）

客户：嗯，没错。

汽车销售人员：那您可以看看这一款……

情景分析

客户为什么想买车？这是汽车销售人员在向客户推荐车型之前必须弄清楚的一个关键性问题。只有掌握了客户购车的主要原因，销售人员才能有针对性地推荐某些车型，才能有重点地突出介绍这些车型能够吸引客户的卖点。大部分客户都愿意与销售人员交流自己买车的原因和目的，但也有少数客户不理解或者不乐意表达自己的真实想法，这时，就需要汽车销售人员主动化解客户的顾虑与不解，循循善诱地挖掘出有效信息来。

错误提醒

在初期接触阶段，一方面，汽车销售人员想尽可能多地挖掘客户的信息和资料，以便准确地把握对方的需求；另一方面，客户出于自我保护意识，往往不愿意过早、过多地透露自己的信息。这样一来就有了矛盾，客户很可能对销售人员的提问表现出不理解、不配合，甚至是不高兴，这时，汽车销售人员一定要巧妙地"圆场"，既不能被客户的反应吓住，也不能跟客户斗嘴置气。

汽车销售人员：您买车的主要原因是什么呢？

客户：买车当然是为了开啊，要不然还能干什么！

汽车销售人员：唔……您说的是……（怯场，不够自信）

汽车销售人员：我就是问问嘛，您不用反应这么大吧……（斗气，不够理智）

技 巧展示

技巧1：客户购车的主要原因分析

不同的客户，在经济能力、家庭构成、职业背景、喜好偏向等方面都各有千秋，他们购车的动机也不尽相同，因此，在选车时关注的重点也是不一样的。汽车销售人员要想了解客户的需求，就不能不掌握对方的购车动机。下表是几种常见的客户购车的动机。

购车动因	主要用途	客户关注点
出行代步	上下班、出门比较方便、轻松	价格实惠，节能省油，驾控方便
家庭需要	新婚购车；家庭日常出行，如购物，休闲度假，走亲访友，接送老人、小孩、孕妇等	安全保障，空间舒适，驾控方便
纯粹商用	接送客户、职员；外出商务洽谈；运输货物；载客运营	品牌、安全、舒适、外观稳重大气、符合并能彰显企业形象及实力
一车多用	既方便家用，也方便商用	兼顾车辆的外观形象和内在性能
更新换代	生活水平提高，再次购车，改善生活质量	品牌、档次、性能细节、售后服务
精神追求	效仿或攀比他人的购车行为；提升个人形象，体现身份地位；热衷于汽车生活，满足于驾驶快感；收藏车型	品牌、档次、性能、知名度、稀缺性

技巧2：圆场、救场的方法

汽车销售人员大都遇到过这样的情况：在洽谈中，当汽车销售人员向客户提及某个问题时，客户突然变得不耐烦或者不高兴，言语也较为激动粗鲁，令整个交谈气氛瞬间冷场。在这种情况下，销售人员一不能"怯"，不能被客户的气势镇住或吓倒；二不能"怒"，不能与客户针锋相对，引起口舌之争。越是棘手的状况越能锻炼人，优秀的汽车销售人员应在冷场时能够机敏应变，灵活巧妙地圆场、救场。

圆场、救场的第一步是就自己的提问方式和方法向客户表达歉意，并给出合理的解释，最重要的是，销售人员应该强调或者暗示对方，自己并无意冒犯，只是出于对客户及其利益的尊重与重视，例如：

"先生，很抱歉，是我没有表达清楚。我看您从进展厅就一连接了四五个电话，您的工作肯定很忙，时间也非常宝贵，所以我想知道您想选一个什么配置的车，这样我可以为您推荐几款，节省您的宝贵时间……"

第 2 节　挖掘需求

情景 13　挖掘客户重点关注的因素

实 景再现

情景 1：直接询问

汽车销售人员：张先生，您选车时最看重一款车的哪些方面呢？

客户：当然是安全性能，我每天都要接送孩子，安全比什么都重要。

汽车销售人员：您是一个非常理性的消费者，更是一个了不起的好爸爸。我们有一款装备了"六位一体"安全系统的车型，可以全方位为您和您的家人保驾护航，我们来看看这款车吧……（抓住一切合适的时机巧妙地赞美客户）

情景 2：从客户的抱怨中发现需求

汽车销售人员：张先生，展厅外那辆黑色的 A 品牌车是您的座驾吧？

客户：没错。

汽车销售人员：那是 A 品牌的紧凑型车，1.6T，是 2010 年最受欢迎的十款车型之一。您选车的眼光真是不错。这么好的车，您为什么想要换掉它呢？（先夸后问）

客户：这车确实不错，我也喜欢，但是它的动力性能很不让人称心，每次和朋友们开车出去玩，我总是被甩在队尾。再说了，都是好几年前的车型了，现在看起来有点不上档次了，该换辆车了。

汽车销售人员：张先生，这么说来，您对车子的动力性能和档次品位比较看重，是吗？（精练概括，从抱怨与问题中提炼需求）

客户：嗯，是这样的……

情景 3：引导客户做出选择

汽车销售人员：张先生，您选车时会重点考虑哪些因素呢？

客户：这……我不知道……

汽车销售人员：（拿出九张卡片）张先生，车子直接关系到您的生活品质和人身安全，选车一定要谨慎。选一款好车，有九个指标是不能不考虑的。您看，我手里有九张卡片，每张卡片上面都有一个指标，分别是动力性、安全性、舒适性、驾控性、美观性、品牌度、经济性、性价比和售后服务，您看，如果让您从这九张卡片中挑出您最看重的三张来，您会怎么选择呢？

客户：（很有兴趣地接过卡片，思考一阵后挑出了三张卡片）

汽车销售人员：张先生，您最看重的三个因素依次是安全性、舒适性和性价比。您的选择是非常明智的，我们很多客户都和您一样，把安全排在第一位。我觉得有两款车型您可能会比较感兴趣……（引导客户将九大指标排出先后次序，从而判断出对方的重点和次重点考虑因素，以便推荐车型）

情 景分析

世界上没有一款车能令所有人都满意。不同的客户在购车时的关注点和侧重点都是不一样的。汽车销售人员只有挖掘出客户的关注点，在推荐车型和有重点地介绍产品时才能更加主动、更有针对性，才有可能打动并说服客户。

客户在选车时，对于自己应该重点关注哪些因素，有的已经有了清晰的认识，有的只有模糊的认识，还有的是一无所知。因此，汽车销售人员不仅要帮助客户理清自身已经意识到的需求，更要引导客户去认识尚未意识到的需求。

错误提醒

销售人员在向客户询问时要考虑两点：一是自己提的问题有没有意义；二是

这个问题客户好不好回答。因此，在探询客户喜欢什么样的车型，看重哪方面性能时，汽车销售人员要避免提出过于宽泛或空洞的问题，让客户茫然、不知如何回答，例如：

"您要选什么车啊？"

"您选车都看重什么啊？"

"您希望了解什么呢？"

技 巧展示

技巧 1：知悉客户选车时会关注的因素

每位客户的需求不同，在选车时也会有不同的侧重点和关注点，汽车销售人员在为客户推荐车型和介绍产品时，应该围绕这些重点来展开。一般来说，客户选购汽车时会重点关注的因素如下图所示。

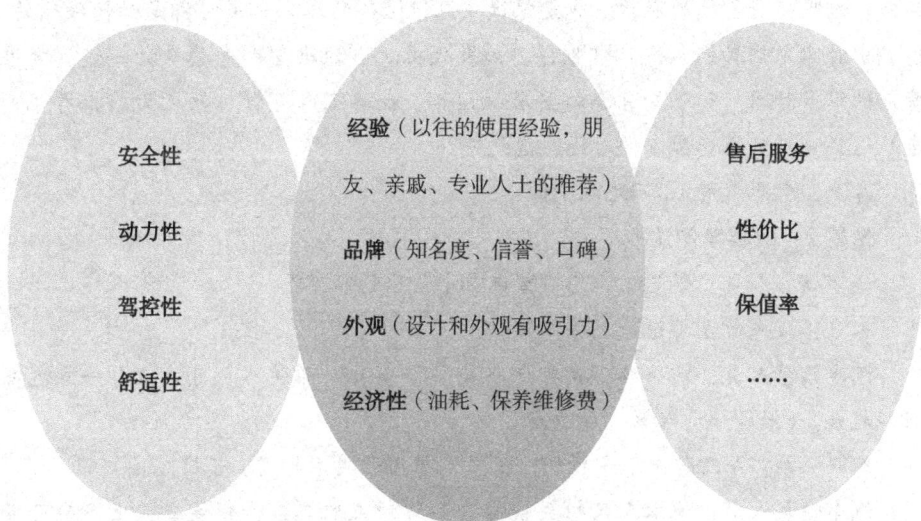

安全性

动力性

驾控性

舒适性

经验（以往的使用经验，朋友、亲戚、专业人士的推荐）

品牌（知名度、信誉、口碑）

外观（设计和外观有吸引力）

经济性（油耗、保养维修费）

售后服务

性价比

保值率

……

技巧 2：销售道具

销售道具是指有助于介绍产品、推进销售的各种资料、用品和器具等。有效的销售道具很容易引发客户的兴趣，能让平淡无奇的洽谈过程变得独特有趣，能帮助客户轻松理解复杂的汽车知识，当然，也能给对方留下深刻、持久的良好印象。汽车销售人员要想在激烈的行业竞争中建立自己独具优势的销售风格，就应该做个有心人，要通过对客户消费心理和购买行为的观察与分析，主动钻研和设计出实用的、高效的销售道具。

通常的销售道具有汽车的销售报表、市场评价、相关检测报告、媒体评论，以及车主推荐、车主评价等。

情景14　探询客户购车的预算计划

实景再现

情景1：推心置腹法

汽车销售人员：张先生，您大概想选什么价位的车呢？

客户：你是不是怕我买不起你们的车啊？

汽车销售人员：呵呵，怎么会呢，您多虑了，进了我们展厅就是我们的客人，为您做好服务就是我的职责。我是觉得，像您这样的客户，平时都是忙忙碌碌的，能抽出时间光临我们车行非常难得。如果我把所有的车型都向您介绍一遍，会浪费您的很多时间。如果知道您的要求和预算，我就可以有针对性地为您推荐几款车，这样可以节省您宝贵的时间，您说呢？

客户：我想看看12万元以下的车……

情景2：故事案例法

汽车销售人员：张先生，您希望选哪个价位的车呢？

客户：我先看看再说。

汽车销售人员：前一阵，我有个朋友买了一款A品牌车，可是他却一点也高兴不起来。（极大地勾起客户的兴趣）

客户：哦？A品牌车很不错啊，很多人想买还买不起呢，干嘛不高兴啊？

汽车销售人员：他本来只想买辆国产品牌的低配车，价钱便宜，上下班开着方便就行，但是他家人不同意，说低配车安全性没保障，不如多花点钱，买一辆配置好一点的。

客户：他家人说得没错啊，买车当然要考虑安全性啊。

汽车销售人员：于是我这个朋友就到车行选七八万元左右的车，结果店里的销售人员跟他说七八万元的车开着不怎么上档次，买这样的车还不如不买。只要加上一两万元，就能买到不错的车，不仅安全性能好，还有十足的驾驶快感，开着出门也很有面子，于是我朋友几乎花光了两年的积蓄，买下了一款A品牌车。

现在问题来了，车是买下来了，却没钱养车了，您说他哪里高兴得起来啊。

客户：你这个朋友也太不理智了。

汽车销售人员：是啊，所以我现在给我的客户推荐车，都会先问问他们预算有多少，这样，我推荐的车，客户才可能既买得起，又养得起，还能开开心心地用。您说是吧？您希望选什么价位的，我帮您参考一下？

情 景分析

客户的经济能力和购买预算是汽车销售人员必须掌握的一项关键信息：客户对一款车的兴趣再浓厚，如果支付能力达不到，销售人员即使付出再大的努力也很难促成交易。然而，在实际的洽谈中，就像汽车销售人员会牢牢守住底价一样，客户也不愿意主动透露自己的预算计划和实际的支付能力，他们担心会被销售人员"吃定"，在后期的讨价还价中丧失主动。因此，汽车销售人员要了解客户的预算信息，首先就应该化解对方的顾虑，与他们推心置腹地交流，让客户认识到：只有明确了预算，才能节约时间，尽快找到理想的车型；才能量力而行，避免"有钱买车，无钱养车"的尴尬后果。

错误提醒

价格和预算最能牵动客户的神经，因此，汽车销售人员在询问时一定要注意语气、语调和措辞，避免让客户有被轻视的感觉，例如：

"您要看经济型车还是豪华型车？"

"您现在看的这款车只要 7 万多元，很便宜的，我给您介绍一下？"

"您现在看的这款车售价 25 万元，很贵的哦……"

"您想看什么价位的车，10 万元以上的还是 10 万元以下的？"

技 巧展示

故事案例法

客户在选车的过程中，对汽车销售人员的说辞往往会抱着半信半疑的态度，但是对其他客户的故事案例，尤其是失败的购车经历或教训，却很容易接纳、认可，甚至能产生共鸣。因此，汽车销售人员要善于利用故事案例来说服客户，在运用故事案例法时，需要注意以下三点。

技巧 1：以新奇有趣、带有悬念的开场白引出故事案例，让客户迫不及待地想深入了解，例如：

"我有个朋友在上个星期加价提了一款 A 品牌车，可是车到手了他却非常后悔……"

"上个月，我接待了一位客户，他和您一样很喜欢这款车，但最后提走的却是那一款……"

"就在上周，还有一位客户也是想买这款车，但我认为不合适，就推荐了另一款，结果客户很满意，上午我还接到了他的电话，车子开着很不错呢……"

"根据您的情况，我觉得这款车并不适合您……"

技巧 2：故事案例应该具有可信度，不能随意编造、夸大其词，以免让客户识破真相。

技巧 3：讲故事不能拖沓冗长、不知所云，一定要简洁明了、主题鲜明。汽车销售人员可以套用"4W1H"的模板来叙述故事，即：

什么人（Who） 在什么时间（When） 因为什么（Why） 发生了什么事（What） 建议客户怎么办（How）	我有位客户（Who）上月来看车（When），想选一款中意的型号在新婚的时候使用，但是他没说具体什么时候用车，以为随时付款随时就可以提车（Why），结果这款新车型销售紧俏，库存紧张，交了款也要一个月才能提车，于是很遗憾地耽误了客户新婚用车的计划（What）。所以，我想知道您大概什么时候想用车，这样我好有个准备（How）

情景 15　了解客户中意的理想车型

实 景再现

情景 1：主动询问

汽车销售人员：张先生，您有没有比较看好的车型呢？

客户：还没想好呢。

汽车销售人员：看得出来，您是个做事情很严谨、沉稳的人，选车就应该像您这样多考察、多比较。您看，我们展厅有二十多款车，要是我通通介绍一遍，肯定会浪费您宝贵的时间，如果您能帮我一个忙，填一下这张小卡片上的五个小问题，我相信一定能帮您找到中意的车型，您看看……（请客户填写需求卡片）

汽车销售人员：根据您填写的信息，您想了解的是 1.8L 排量的三厢公私两用车，价位在 12 万元至 15 万元之间，安全性能和动力性能要有保证，是这样吧？

客户：嗯，没错。

汽车销售人员：那我们可以一起来看看这两款车……

情景 2：观察法

汽车销售人员：张先生，我注意到，您进入展厅后有十多分钟的时间都在留意这款车，其他的车型您就大致地看了几眼。您有六年的驾龄，是个懂车的人，对车子肯定是百分之百的行家了。您觉得我们这款车怎么样？

客户：这款车外型不错，动力配置也不赖，就是不知道安全性能怎么样？

汽车销售人员：这款车型有五大安全保障……

客户：哦，看来它比我现在用的这辆车安全保障系数要高很多啊。

汽车销售人员：是这样的。张先生，您要不要看看其他的车型，做一个对比呢？（试探）

客户：不用了，你们的这些车我在别的店里都试过，还是这款比较实在些……

情 景分析

通常情况下，汽车销售人员不大可能将一个展厅里的所有车型从头到尾一一向客户推荐或介绍一遍，这样既浪费双方的时间和精力，又会显得销售人员不够专业。如今，汽车已经从奢侈品逐步变为了大众消费品，消费者获取汽车信息的渠道非常多，很大一部分客户在来展厅之前，通常都对目标车型有了一个比较清晰的选择范围，只要汽车销售人员仔细观察，多加询问，就可以发现客户的购买意向。

错误提醒

很多客户在进入展厅的前十多分钟时间里会有一种新奇感和兴奋感，他们会逐一地欣赏每一款陈列的车型。经验不太丰富的汽车销售人员很容易根据对方的这种情绪和表现推断客户对该车有购买兴趣，于是会迫不及待地罗列出这款车的卖点。客户目光落到哪款车上，销售人员就滔滔不绝地介绍哪款，这会给客户造成很大的压力，甚至会吓跑客户。

技 巧展示

需求卡片

对于购买目标不太明确或者对汽车知之甚少的客户，如果汽车销售人员将展厅内的车型逐一介绍，大量的信息和专业术语往往很容易令客户望而生畏，因此，销售人员可以设计几个简单而关键的需求挖掘问题，制作成小卡片，帮助客户缩小选择的范围，明确其自身的需求。这种方式与漫无目的的逐一介绍相比，加大了客户的参与力度，更能体现销售人员对他们的尊重，而且获取的信息准确率也更高。在这张需求卡片上，销售人员设计的问题不宜多，应控制在五个左右，下面是需求卡片的示例。

需求卡片

尊敬的先生/女士：

非常感谢您抽出宝贵的时间光临××车行！为了能给您提供更优质的服务，我们真诚地希望您能与我们分享对以下问题的看法。

1. 您最希望了解的车型是？

□微型车　　□小型车　　□紧凑型车　　□中型车　　□中大型车　　□MPV　　□SUV

2. 您最有可能考虑哪种排量的汽车？

□1.0L 以下　　□1.0~1.3L　　□1.3~1.6L　　□1.6~1.8L　　□1.8~2.4L　　□2.4L 以上

3. 您比较喜欢哪一类品牌？

□进口品牌　　　　　　□国产自主品牌　　　　　　□合资品牌

4. 您选车时最看重的因素是？

□动力性　　□安全性　　□舒适性　　□驾控性　　□美观性

□品牌度　　□经济性　　□性价比　　□售后服务　　□其他

5. 您购车的预算范围是？

□5 万元以下　□5 万~10 万元　□10 万~15 万元　□15 万~20 万元　□20 万~30 万元　□30 万元以上

情景16　掌握客户购车的时间计划

实景再现

情景1：直接询问

汽车销售人员：张先生，您大概什么时候需要用车呢？

客户：你是催着我买吗？

汽车销售人员：不是的，张先生，是我没有表达清楚。是这样的，这款车是新推出的热门车型，比较紧俏，交了订金后还需要等些日子才能提车。上个月初，我的一位客户准备买这款车，国庆节的时候要带家人自驾出游，可是他事前没有告诉我国庆节要用车，直到9月底才带着全款来买车，结果店里没库存，耽误了这位客户的假期安排。所以我想了解一下，您近期是不是准备要用车？

情景2：间接提醒

汽车销售人员：张先生，您近期应该不着急提车吧？

客户：什么意思啊？

汽车销售人员：是这样的，我看您是购置第二辆车，而且您对现在用的这款车感情也挺深的，所以我推测您近期应该不会急着提车。

客户：是不是你们店里没货啊？

汽车销售人员：这款车上市以来一直处于紧缺状态，店里一直在调货，但还是老缺货，现在库里只有两辆，新的一批要三天后才能到店。您近期急着用车吗？

情景分析

对大多数个人和家庭来说，汽车还是一种贵重的消费品，客户通常都会经过几个月甚至更长的时间来考察、对比和权衡，然后才会做出最终购买决策。因此，光临展厅看车的客户有的是刚刚开始了解汽车，有的是在做购买前的比较，还有的是已经在认真考虑购买了。汽车销售人员必须了解清楚客户现在正处于哪个阶段，大概还需要多长的时间才会做出购车决定，在这些信息的基础上，销售人员才能把握好跟进的进度和战术。

😞 错误提醒

客户在看车、赏车时心情相对还是比较放松的，但是如果汽车销售人员过于直接、过于直白地询问对方"买车"的时间计划，会显得很功利、很性急，容易引起客户的警惕与反感。

"您是打算今天买车吗？"

"您要是看好了，今天就能买下来吗？"

"您准备什么时候买车？"

"您近期有买车的打算吗？"

技 巧展示

很大一部分客户在熟悉了展厅和汽车销售人员后，通常都会问一些问题，而有些问题会直接透露他们购车的时间计划，例如，当客户有以下疑问时，说明他们很可能在近期内就会做出购车决定。

"这款车有现车提吗？"

"这款车需要等多长时间才能提啊？"

"你们会不会要求加价提车？"

"这款车最近有什么优惠活动吗？"

情景 17　理清购车的关键决策人物

实 景再现

情景 1：试探询问

汽车销售人员：张先生，您今天怎么没带上家人一起来呢，他们也好给您做做参谋呀。

客户：我老婆对车子一点都不了解，也不会开车，她呀，只要坐着舒服就行。

汽车销售人员：呵呵，确实，很多女性朋友都不能理解男士们为什么会为了四个轮子的汽车而如此痴狂。

客户：对呀对呀，你说得一点都不错。

汽车销售人员：这么说，您选车主要还是由自己拿主意喽？

客户：当然！

情景 2：直接询问

汽车销售人员：张先生，看您这么开明，选车时应该还会征询家人的意见吧？

客户：是啊，选车也不是个小事，买车要花十多万元不说，光每个月养车就好比家里多了张嘴吃饭啊。再说了，虽然以后是我开车，但是孩子和老婆也会坐车，所以肯定得问问他们。

汽车销售人员：您真是个难得的好先生、好爸爸。选车这样的大事，确实应该有家人的参与。您今天可以选好几款车型，等明天周末再带上家人一起来试驾体验一番，您觉得怎么样？

客户：（沉默）

汽车销售人员：试驾需要提前预约，我今天就帮您安排好时间吧……

情景分析

　　汽车销售人员之所以要判定清楚谁是主要的购买决策者，一是为了预防客户在后续洽谈中抛出一些诸如"我回家和老婆商量商量""我要问一下父母，毕竟付款的是他们"之类的异议；二是方便在最后的销售促成环节找准主攻对象。在初期接洽时，汽车销售人员在了解谁是决策者时的询问方式应该委婉一些，同时，也可以通过对客户性格以及言语神态的细心观察来推测主要的决策者。

错误提醒

　　错误 1：有些客户为了避免被销售人员的跟进电话骚扰，即使自己能做主，也会推托说决策人另有其人。因此，汽车销售人员对客户的回答不能完全采信，要善加甄别。

汽车销售人员：张先生，选购这款商务车应该是由您全权负责吧？

客户：呃……我就是来看看，不归我负责的。

（事实是，客户的名片上的职位是总经理，极有可能是真正的决策人）

　　错误 2：询问方式过于直白、生硬。

"这款车售价 25 万元，并不便宜，您自己就可以做主吗？"

"您买车不用问问您先生的意见吗？"

"您看中之后还需要其他人来看吗？"

错误3：即使客户确实不是最终决策人，销售人员的态度也不能急转直下、前热后冷，就算这位客户不是最终的决策人，但是对交易也必然会有一定影响，值得销售人员给以重视和关注。

汽车销售人员：张先生，选购这款商务车应该是由您全权负责吧？

客户：呃……不是，我是老板的司机，他让我来看看车，有不错的给他推荐一下，最后当然还是老板来拍板。

汽车销售人员：哦，既然是这样，那您老板的电话是多少？我想邀请他来我们展厅，我可以当面详细地为他介绍一下。

客户：……（这个销售人员真势利）

技 巧展示

技巧1：准客户的MAN原则

对汽车销售人员来说，每天看车的客户很多，想买车的客户也很多，但并非每一个来到展厅的人都是准客户、准车主。要想从众多的看车者中识别出准客户，汽车销售人员需要挖掘以下三方面的信息。

支付能力（Money）——谁有支付车款的经济能力。

决策权（Authority）——谁有最终的购买决策权。

需求（Need）——谁有买车的需求。

只有具备这个MAN原则的客户，才可能成为准客户。汽车销售人员只有找对了人，才能在有限的时间里取得更好的成绩。

技巧2：如何判断决策人

要判断一个客户是否有决策权，或者一群客户中谁有最主要的决策权，汽车销售人员既可以通过对客户的言行举止进行观察，也可以通过询问的方式来获得准确信息。根据客户的性格，汽车销售人员可以有区别性地采取直接或者间接的询问方式。

如果客户性格温和，或者双方沟通氛围融洽，销售人员可以直接询问，如"先生，选车这事肯定是您来做决定，是吗""先生，如果看到了满意的车型的话，您是自己做决定吗"。如果汽车销售人员对客户的情绪没有很大把握，则应尽量用委婉间接的方式询问，如"先生，您要不要和太太商量一下呢？""先生，买车对家庭来说也是一件大事，您要是看好了某款车，还要不要问问家里呢"等。

第 3 节　引导需求

情景 18　判断客户的市场了解程度

实 景再现

情景 1：

汽车销售人员：张先生，按照您的要求来看，价位 15 万元左右，1.8L 排量的中型车，市面上大概有几十款，您都看好哪些品牌呢？（试探性问题）

客户：我比较青睐欧系品牌，像 A 品牌，当然了，还有你们 B 品牌也不错。（锁定竞争对手）

汽车销售人员：张先生，您为什么会对欧系品牌情有独钟呢？（挖掘客户的关注点）

客户：欧系品牌车的质量很好，还有那种驾驶的快感，我觉得要优于其他的品牌。（产品质量、动力性能及操控性）

汽车销售人员：您果然是懂车的行家，一语就道出了欧系品牌的特色之处。正像您说的那样，A 品牌的车确实不错。您有没有试驾过呢？（深入打探）

客户：哦，我上周去了 A 品牌的车行，试驾了一款车，感觉还不错，但是提车要等两个月。（目标车型）

汽车销售人员：您说的是不是那款今年上半年上市的 SUV 啊？

客户：嗯。就是那款。

汽车销售人员：张先生，您已经试驾了 A 品牌的 SUV，现在不妨再了解一下我们 B 品牌的 SUV，它们之间有三大不同之处，相信您试过之后，一定能体验出来的……（预先告知客户有"三大不同"，让客户抱着好奇和兴趣来了解并试驾）

情景 2：

客户：你们这款车和 A 品牌的最新款有什么区别吗？

汽车销售人员：张先生，听您这么说，您对 A 品牌应该比较了解吧？（抓住机会反问）

客户：哦，了解谈不上，我只是去过他们的店，试驾过最新的一款车。

汽车销售人员：A 品牌还是相当有实力的，您试驾的感觉怎么样？

客户：车子外型不错，发动机的动力感觉还可以，但是车内空间有点小，像我这样的大块头坐进去，头顶离车顶的距离还不到一个拳头，不是太舒服。

汽车销售人员：原来是这样啊。张先生，您试试坐到驾驶座上，看看我们这款车空间的舒适度怎么样……（引导客户体验）

情 景分析

客户对汽车行业行情了解多少？客户之前都考察过哪些店？客户会拿哪些品牌的车来和店内的车做对比？客户在众多品牌和车型中比较倾向于哪一个？这些信息非常重要，能反映出客户对汽车市场及自身需求的认知程度。通过对这些问题的探询，汽车销售人员能迅速地找到竞争对手，能清晰地认识到客户的需求，也能针对客户的实际情况采取恰当的销售策略。

错误提醒

错误 1：有些客户因为担心被汽车销售人员"忽悠"，即便自己对汽车不是太懂行，也会装出比较内行的样子。销售人员即使从这些客户的话语或举动中瞧出了破绽，也不能当面戳破，应该充分考虑和照顾客户的感受。

错误 2：销售人员提问方式不灵活，太直接、太生硬。一旦客户意识到销售人员询问的目的，很可能会敷衍搪塞，而不透露自己真实的想法。

"您来我们店之前，有没有去其他店参观过啊？"

"您目前都在考虑哪些品牌啊？"

"您之前对我们这个品牌还有汽车有没有了解？"

"您对汽车了解多吗？"

技 巧展示

从客户踏入展厅开始，汽车销售人员就要认真地观察和分析对方的一举一动、一言一行。很多情况下，即使销售人员不主动询问，也能从客户的这些言语行为中判断他们是否"内行"，是否懂车，例如，内行的客户往往在看到心仪的车后会要求销售人员打开车门或者发动机盖以及后备厢盖，直接看汽车的配置；而对车子不是太熟悉的客户可能会先留意展厅内的视频、宣传资料和配置单；内行的客户能够熟练而自信地询问汽车的各项指标，并能准确地说出专业术语；而比较外行的客户即使能问一两个专业问题，神色上也会很不自然。汽车销售人员要洞悉客户心理，必须练就"火眼金睛"，细致地从客户的言行举止中发现有用的信息。

情景19　升级客户的需求紧迫程度

实 景再现

情景1：

汽车销售人员：张小姐，您看，我和您年纪差不多，可是您这么年轻，都能够独立买车了，真是令人羡慕！很多有经济能力的女士都喜欢购买化妆品或者时尚衣服打扮自己，您为什么会想到要买车呢？（从现状出发，循循善诱）

客户：我也是没办法，我家离公司特别远，每天要换两趟公交才能到，路上一来一回就得两个多小时，有时候加班后回到家孩子都睡着了。（暴露问题，发现需求）

汽车销售人员：也是。在一线城市，要让家里收入稳定，您不得不上班，可是没有哪个做母亲的不希望多陪陪自己的孩子，每天在公交上多耗费一小时，陪伴孩子的时间就少了一小时。我跟您的情况差不多，我的孩子每天都想等我回家再睡觉，可我每晚都要很晚才到家，他经常就趴在沙发上睡着了。有时候想想，真觉得挺愧疚的。（抓住隐忧，放大痛苦）

客户：是呀，是呀，我们家孩子也是这样，想想都心疼。

汽车销售人员：呵呵，张小姐，以后您就不会有这种烦恼了。有一辆属于您的车，每天上下班也就一个多小时，下班回家还来得及给孩子做一顿可口的饭菜。周末的时候也可以带上孩子去郊外兜兜风。我相信不仅您会更快乐，您的孩子能享受到更多的母爱，成长也会更健康的！（紧扣需求，扩大利益）

情景2：

汽车销售人员：张先生，说心里话，我都有点嫉妒您。

客户：为什么？

汽车销售人员：您看，我们俩年纪差不多吧，可是您现在已经有实力买车了，不像我，上下班还是要大汗淋漓地挤公交，节假日想出去玩玩也只能硬着头皮蹭朋友的车。我虽然是销售车的，可是要像您一样实现买车的梦想，还需要努力好几年呢。（抓住隐忧，放大痛苦）

客户：呵呵……

汽车销售人员：张先生，我敢保证，您不出三年，还会来购置一款更好的车的。

客户：哦？为什么这么说呢？

汽车销售人员：车子对一位男士来说，绝不仅仅是代步的工具，更代表一种信念和实力。拥有了自己的车，您会更自信，更有奋斗的激情，所以啊，不出三年，您的职位和收入肯定会大大提升的。您说，等您成为销售总监的时候，您能不换一款更好的车嘛！（紧扣需求，扩大利益）

客户：哈哈，要真是那样，我第二辆车还会找你买！

情景分析

在正常情况下，很少有客户会风风火火地跑进展厅，直接指着一款车要求马上付款提车。在汽车这样的贵重商品的消费上，即使对某款车有需求，大部分客户还是会多方考察、全面权衡。汽车销售人员要想让客户以紧迫、紧张的心态来了解车型，甚至是果断快速地做出购车决定，就必须让客户的需求快速升温，把99摄氏度的需求加热到100摄氏度的沸点，让客户在紧迫的需求推动下以更大的热情来了解意向的车型，以更快的速度做出最终决策。

让客户需求升温的最有效的方法是"双管齐下"：一方面是"放大痛苦"，也就是将客户不购车所可能产生的问题与隐忧无限放大，令客户感到焦虑、痛苦；另一方面是"扩大利益"，也就是将购车所能带来的利益与好处生动形象地一一阐明，让客户产生看车、购车的兴趣和欲望。

错误提醒

错误1：汽车销售人员在扩大利益时不能夸大其词，这样客户非但不会相信，反而会觉得销售人员不实在。

汽车销售人员：我们这款车售价虽然不到8万元，但是比市面上十多万元的车安全性能都要好得多，您开我们这款车，完全不用担心安全问题！

客户：你夸得实在有点过头吧，你们这款车连 ABS 系统和副驾驶座安全气囊都没有，怎么保障安全啊?!

错误2：汽车销售人员在放大痛苦时不宜危言耸听，要把握好分寸，避免触及客户的伤疤与隐讳。

汽车销售人员：先生，您想想，平时跟朋友们出去玩的时候，大家都有私家车，而您只能凑进别人的车里搭顺风车，朋友们虽然嘴上不说什么，但您心里肯定会有些不好意思的，您说是这样吧?

技 巧展示

技巧1：从客户的感慨与抱怨中发现需求

客户为什么想买车？有的销售人员会这样回答：因为客户希望上下班或者日常出行能更舒适、更自由；或者客户希望能提升家庭的生活品质；或者客户为了不落后于身边有车的朋友、同事等。事实上，这些原因都只是表面上的，从根本上来说，客户的购车行为都是源于对现实的不满意与不满足，正是因为有这种不满，才会有新的需求与追求，才会有改变。因此，优秀的汽车销售人员要善于从客户随意的一句感慨或者抱怨中挖掘出客户的不满意与不满足，挖掘出其需求，从而找到突破口。下面举一些从客户话语中发现需求的例子。

客户的感慨与抱怨	客户的问题与需求	销售人员的应对
这夏天一到可太难受了，又闷又热，成天都是一身汗	客户希望夏天的生活能凉爽一些，舒适一些	您说得对，夏天实在是酷热难当。您可以上驾驶座上休息一会儿，我现在打开空调，不出三分钟，整个车内的温度就会立刻降下来。有一款这样的车，以后您的夏天就不用再怕闷热、怕出汗了。怎么样，是不是要凉快很多，舒适很多呀……

（续表）

客户的感慨与抱怨	客户的问题与需求	销售人员的应对
我现在开的车是老车型，安全配置不高，我老婆怀孕了，为了安全，她再不敢坐我的车了	客户担心妻子孩子的安全，希望再购置一款安全系数高的车	您一定是个非常爱家的好丈夫、好父亲。确实，对一个即将有宝宝的家庭来说，安全比一切都重要。为了安全，哪怕牺牲一点驾驶的刺激和愉悦都是理所应当的。我们有一款车配备了全方位的八大安全保障，而且后排空间非常舒适，很适合准妈妈和未出生的小宝宝，我们一起来看看……
我很早就想来看这款车了，但一直忙着接待客户，腾不出时间来	客户有商务用车的需求	您这么年轻，就能自己办公司，而且取得这么好的发展，真是让人敬佩。宝马配英雄，好车也应该配您这样的精英人士。有这款车陪伴您，我想您的出差旅程会舒适、自由一些，而且，这款车能体现您的实力和品位，相信客户看到您的爱车，也会更放心地与您合作……

技巧2：让客户需求快速升温的方法

医生在看病的时候，通常都会先找病因，然后再详细地向病人说明所患疾病的表征与后果。如果这个后果很可怕，病人就会急不可耐地想知道治疗的方法，只要在可承受范围之内，病人一般都会接受医生的治疗方案与建议。那么，病人为什么这么迫不及待地想知道治疗方案呢？有两个原因：第一，医生所形容的疾病给病人以极大的恐惧、痛苦和不安；第二，只有专业的医生能够帮助他消除这些恐惧、痛苦和不安，让他重新获得健康。

从医生问症的这个过程中，汽车销售人员可以学到一种能让客户的购车需求快速升温的方法，那就是先挖出"病因"（找出需求），再为客户分析"后果"（放大痛苦），最后给出"治疗方案"（扩大购车的利益）。

方法步骤	具体内容	示例
挖掘"病因"找出需求	客户购车是为了解决什么问题或者达到什么目的	销售人员：您买车主要是为了什么呢 客户：我们家孩子开始上学了，学校比较远，早晚要接送，他天天缠着我让我买车，不肯坐公交上学 销售人员：哦，原来是这样。您孩子真是可爱。我的小侄子也是这样，今年刚上学，开始还好好的，但后来非得缠着我哥买辆车，说是其他的小伙伴都是父母开车接送，只有他要天天挤公交。呵呵，小孩长大了，慢慢就有攀比意识，很容易有一些小心思，家长要是没重视起来，很可能给孩子的心灵留下伤害。您说是吧
分析"后果"放大痛苦	客户如果不购车，会导致什么样的问题与后果	
提出"方案"扩大利益	客户如果购车，能够解决什么样的问题，会得到什么样的利益	客户：是呀，才这么小的孩子，就已经有这种小心思了 销售人员：其实，您现在事业稳定，也有足够的经济实力。有一辆车，不仅方便接送孩子，周末也可以带他去郊外玩一玩，我相信您的家庭会更幸福的

第 4 节　产品推介

汽车销售人员明确了客户的需求与购买能力后，就应该以客户的需求为中心，在对方可负担的预算范围内向客户推荐合适的车型。在对产品进行具体介绍时，汽车销售人员一定要做到紧扣需求、有主有次、有条有理、生动形象、通俗易懂。

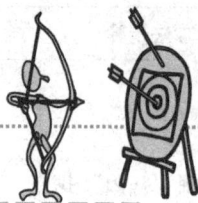

汽车销售人员工作日志

客户让我介绍一款车型，我按照培训时总结出来的十大卖点一条一条地讲给客户听，可是刚讲了三条，客户就明显心不在焉没有兴趣了……

我还没有开始介绍车型，客户就开始询问价格，我该怎么回答呢……

客户问起一款车的动力性能，我快速地报出了压缩比和排量，客户听不明白，想让我详细解释一下，可是我也不是很懂，不知道怎么解释……

客户突然问我什么是 FF（前置前驱），我还没听过这个词，于是回答不上来，客户很失望地看了我一眼，转身走了……

我在介绍产品时，客户一言不发，脸上也没什么表情，我无法判断客户是不是喜欢这款车，是不是我的介绍出了问题呢……

客户一直在不停地提出关于车子、关于技术、关于售后的问题，我一条条地应答完，却还是不知道客户喜欢哪款车……

情景20 如何进行展厅内静态演示

实景再现

情景1：从产品出发——系统的六方位全面介绍法

汽车销售人员：（介绍车前部）张先生，您看，这款车是 A 品牌于去年年初推出的车型，它已经连续3个月跻身"月销万辆俱乐部"，是今年的十大畅销车型之一。这款车延续了 A 品牌优雅稳重的风格，您看，宝石蓝尊贵雅致，车身线条精致流畅。这就是 A 品牌的经典标志，不管您和爱车走到哪里，这都是您高贵和品位的象征。（整体介绍，增加客户的兴趣和了解的欲望）

汽车销售人员：（介绍车前座）张先生，请您坐到驾驶座上。（等客户落座后）您感觉舒适吗？

客户：这座椅挺舒服的。

汽车销售人员：这是带有电加热功能的真皮座椅，相信无论是您的朋友还是客户，坐进您的车都会感受到真皮独有的豪华和气派。到冬天就更舒适了，想一想，很多人都不得不坐在冷冰冰的座椅上驾驶，而它却能为您驱散冬日的寒冷，带来更完美的驾驶体验。这个座椅是可以调节的，平时您出差时想在车上歇一歇的时候，可以放平座椅，来上一曲轻音乐，安静、舒适地休息一会儿……

情景 2：从需求出发——关键要素介绍法

汽车销售人员：张先生，在您看来，选车的时候最需要考虑什么呢？

客户：当然是安全性了。

汽车销售人员：您真是一个难得的理性人。很多客户都只想着买一辆动力强悍、开起来风驰电掣的车，但事实上，安全才是第一位的，再刺激的驾驶快感也比不上安全来得重要。我们这款车的安全保障可以说是同级别所有车型里配置最高的。首先，它装配了六个安全气囊，前排的正侧面共有四个气囊，还有两个安全气帘，在撞击时能保护驾驶员和乘客的安全。此外，它还有六大安全控制系统，分别是 ABS 制动防抱死系统、CBC 转向制动控制系统、EBD 电子制动力分配系统、MSR 加速防滑系统、TCS 牵引力控制系统和 VSC 车辆稳定性控制系统，它们能修正汽车的转向过度与转向不足，提高弯道与湿滑路况的行驶安全性……

情景分析

汽车销售人员要将一款构造复杂的车型条分缕析、清楚明白地呈现给客户，并不是一件容易的事。从哪里入手开始介绍、以一条什么样的线索贯穿介绍过程、如何将一款车的数十个卖点有序地展现出来，这些是销售人员在介绍产品时不得不考虑的问题。总的来说，汽车销售人员需要找到一条主线，然后始终围绕这条主线来展示一款车型。在情景 1 中，销售人员是以产品为主线的，也就是从汽车的不同方位出发，一个一个模块依次来介绍；在情景 2 中，销售人员则是以客户的需求为主线，从客户看重和关注的要素出发，围绕需求来介绍卖点。有了主线，汽车销售人员才能像串珠子一样将一款车型的各大卖点有条不紊地串起来。

错误提醒

在介绍一款车型时一定要找到一条主线，没有主线，汽车销售人员很可能被客户牵着鼻子走：客户问起前大灯，销售人员就引到车前介绍大灯，客户问起后备厢，销售人员就忙不迭地又转到车尾做介绍，这样忙前忙后，不仅销售人员自己容易犯迷糊，也会让客户觉得毫无条理，杂乱无章。有清晰的主线条，销售人员才能有条理、有重点地将主要的卖点一一呈现给客户。

技 巧展示

技巧1：六方位全面介绍法

六方位全面介绍法是指汽车销售人员根据汽车的车型结构，从车头、侧身、车尾、后座、前座、发动机六个方位系统地展示一款车型，让客户对整辆车能有一个全面的、深入的认识和了解。

六方位	介绍重点	要点
车前部	整体造型与设计风格、品牌标志、前车灯、前进气格栅、保险杠、前挡风玻璃、雨刷设备、前方碰撞变形吸能区等	1. 六方位介绍法需要20～30分钟的时间，汽车销售人员应先征询客户的意见，话术模板如下。
车侧身	汽车的进入特性、侧面的安全性、侧面玻璃的开阔视野、离地间隙、轮胎、轮毂、车长、防水槽或者支架、车体、防刮等	"先生/女士，我们店在为贵宾客户做介绍时，会采取一种六方位法，您可不可以抽出30分钟的时间，听我详细地用六方位法为您介绍这款车呢？"
车尾部	后门开启的方便性、存放物体的容积大小、汽车的扰流板（尾翼）、尾灯的安全特性、后排座椅的易拆性、后视窗的雨刷、备胎的位置设计、尾灯的设计	2. 六方位法不是通用的，也不是万能的，汽车销售人员可根据自己销售的车型来灵活运用，不同的车型可以缩减为五方位或四方位，另外，客户如果对某一个方位特别感兴趣，可以专注、重点介绍该方位
车后座	乘员空间大小，座椅调控	
车前座	座椅的多方向调控介绍、气囊以及安全带，方向盘的调控、视野、腿部空间的感觉，制动系统介绍，操作方便性、音响、空调、车门的控制，雨刷器的操作，挂档，仪表盘等	
发动机	发动机布局、环保设计、排气的环节、添加机油等液体的容器、散热设备的设计与摆放、发动机悬挂避震设计、节油的方式	

技巧 2：关键要素介绍法

客户在考察一款车时，其重点关注的因素有品牌、外型、安全性、动力性能、驾控性、舒适性、经济性、性价比、售后服务和保值率等。汽车销售人员可以从这几大关键要素入手，根据客户的需求与要求，有重点、有主次地介绍车型。

关键要素	介绍重点
品牌	汽车品牌的历史与荣誉、该品牌的故事与口碑、该车型的销量与市场评价
外型	知名的设计者或设计单位、外部造型的风格与特色、可选的颜色
安全性	ABS 制动防抱死系统、CBC 转向制动控制系统、BA 刹车辅助系统、EBD 电子制动力分配系统、安全气囊、安全带、钢板、吸能结构、碰撞测试成绩、儿童安全锁、防盗系统等
动力性能	发动机型号及技术、标准排量、最大功率、最大扭矩、最高时速等
驾控性	悬挂系统、助力系统、制动系统、变速箱、轮胎、轮毂等
舒适性	全车长度、宽度、高度，前后排空间尺寸大小，储物空间容积，座椅特色，空调系统，车内空间静谧性，车内娱乐设备
经济性	油耗、保养及维修费用
性价比	售价、促销优惠活动、价格走势、与同级车型价格对比
售后服务	售后服务范围、服务质量、网点分布、收费
保值率	保值率数据、二手车价格、二手市场行情报告

情景 21 如何渲染汽车的特色卖点

实 景再现

情景 1：FAB 法

汽车销售人员：张先生，您选车主要是为了方便接送孩子，是吧？

客户：是呀，我孩子快上幼儿园了，可淘气了，学校离家比较远，有车要方便些。

汽车销售人员：孩子四岁到十二岁，是最调皮、最好动的时候，行驶途中的安全是第一位的。孩子对车外总是充满好奇，喜欢攀爬车窗，如果碰到车窗上升按钮，很容易被玻璃夹伤。我们这款车采用的是电动防夹车窗，车窗上升的时候，如果孩子将手搭在了玻璃上，车窗会从上升的趋势改为下降，可以避免孩子发生夹伤事故。好动的孩子还有可能在车子行驶途中打开车门，这是非常危险的。您看，我们这款车只要您细心地把开关设到"LOCK"的位置，车门就只能通过车外的门把手打开，而孩子们从车内是打不开的，这样能够有效地防范风险。您来试试……

客户：这样设计不错，我们家那孩子要是不防着他一点，还真怕他出事。

汽车销售人员：欧洲的NCAP新车撞击测试代表了世界最严格的碰撞安全标准，我们这款车在这一测试中得到了综合评定五星的最高评价，无论是正面碰撞还是侧面碰撞，这款车对1.5岁幼童和3岁孩童的保护都得到了满分，可以说是同类车型中安全系数最高的，它一定能最大限度地保护您和孩子的安全。

情景2：销售道具辅助

汽车销售人员：张先生，我们去年对将近5 000位车友进行了调研，了解他们平时在驾驶中都会有哪些不便和问题，您看，我手里有36张小书签，就是车友们反映最多的36个问题，您有没有兴趣抽一张，看看您是不是也遇到过这种情况？

客户：好啊。（抽出一张书签，并低声念了出来）夜间开车，尤其是转弯的时候，驾驶员经常看不见拐弯处的死角，您有没有遇到过这种情况呢？（念完后随口说出了自己的意见）我还真的碰见过几次这种情况，幸好晚上车不多，都没出什么大问题。不过如果拐弯的地方真的有车开来或者有行人的话，那还真得出大问题。

汽车销售人员：您说得没错，这种状况不出问题最好，一出问题肯定是严重的事故。不过您放心，我们这一款车配置的是双氙气前大灯，不仅亮度充足，而且有自动转向功能，夜间行车时，大灯可以照亮您看不清楚的死角和盲区，能提高您行驶的安全性。

客户：我再抽一张看看。这一张写的是："您平时放在车内储物格里的小物件，例如手机、钱包、钥匙等，会不会在突然刹车或者启动的时候滑落出来？"这种情况也确实常见，车子突然动起来，小物件掉落是常事，有时还需要找上半天。

汽车销售人员：是啊，有时如果有急事，而这些重要的小物件偏偏不知道滑落到了哪里，一找起来就是半天，往往把心情弄得很糟糕。我们这款车为了解决这种不便，在储物格里安装了人性化的防滑垫，小物件放在里面不用担心掉出来，您试试……

情景分析

从根本上而言，客户喜欢或者购买汽车并不是因为车子本身，而是因为这款车能够解决客户遇到的某些重大问题与难题，能够满足客户的某种需求，带来某种利益。因此，汽车销售人员要将向客户推销汽车的某个卖点与客户面临的问题联系起来，去推销卖点背后的价值和利益。在情景1中，销售人员运用的是FAB法，强调产品的利益；在情景2中，销售人员则是从客户的实际问题出发，并帮助对方在推荐的车型上寻找问题的解决之道。

错误提醒

错误1：汽车销售人员必须对汽车的各个卖点和重要的指标数据烂熟于心，不要在客户问及时吞吞吐吐，或者临时抱佛脚翻资料，没有哪一位客户敢于相信一个对自己的产品都不了解的销售人员。

客户：这款车最高时速能达到多少？

汽车销售人员：225km/h……不对，好像是195km/h，您等一下，我帮您看一下啊……

错误2：汽车销售人员不要一次性抛出一大堆汽车的卖点，这样客户难以记住，不会有深刻的印象。卖点应该慢慢地释放出来，并且要充分阐述每一个卖点对客户的利益和意义所在，这样客户才能够"细嚼慢咽"地一一消化、接收。

技巧展示

FAB——销售利益，而不是卖点

FAB法是介绍产品的一种简单、有效的方法，它在客户的需求与产品的卖点之间搭起了一座桥梁，将产品解说的重点由单纯的卖点转移到了客户的利益上，更加贴合对方的心理，更容易打动客户。FAB指的是：

F——特点（Feature）：汽车的特性或卖点；

A——优点（Advantage）：汽车的卖点有什么用处；

B——利益（Benefit）：汽车能满足客户哪方面的需求，能为客户带来什么利益。

　　优秀的汽车销售人员会巧妙地运用 FAB 法则，不把焦点集中在汽车的卖点上，而是将卖点落在客户的需求上，重点阐述汽车的利益与价值。每一款车都有许多较为独特的卖点，销售人员可以参照下表的格式——将每个卖点运用 FAB 法整理出来。

客户关注点	产品卖点	产品优点	客户利益
安全性	ABS 制动防抱死系统	如果汽车没有 ABS 系统，当遇到紧急情况将制动踏板踩到底时轮胎容易抱死：前轮发生抱死，会失去转向能力，后轮发生抱死，可能出现后轮侧滑，甚至甩尾，严重威胁驾乘人员安全。ABS 系统就是为了防止制动时车轮发生抱死，保持制动时汽车的方向稳定	紧急制动时有基本的安全保障
驾控性	倒车雷达（泊车辅助系统）	驾驶员在倒车时，车的两侧和后方存在着不可避免的视线盲区，尤其是在天气恶劣、光线不足的环境下，很容易发生倒车事故，造成财产损失和人员伤亡。倒车雷达能通过超声波判断障碍物的位置和距离，通过图像和声音来示警	车主倒车时更加安全和轻松，减少车辆擦刮和交通事故
便利性	智能无钥匙系统	雨天时，车主经常一手撑伞，一手拿包，还要腾出手寻找车钥匙；商场门前，提着大包小包购物袋的车主找钥匙也是件麻烦事。智能无钥匙系统在携带智能钥匙的车主靠近汽车时可以迅速反应，主动解锁	客户开启车门时更加方便、快捷、人性化
……	……	……	……

情景22　如何激发客户的兴趣好奇

实景再现

情景1：独特卖点

汽车销售人员：张先生，您肯定也知道，现在很多品牌都频频陷入"召回门"，要找到一款完全没有问题的车，几乎是不可能的，但是您买车肯定还是希望能买一款质量尽可能好、缺陷尽可能少的，对吧？

客户：那当然。

汽车销售人员：您现在看的这一款车是唯一连续入选"世界十大故障最少汽车"的中型车。

客户：是吗？

汽车销售人员：这款车之所以能做到故障最少，是因为它有三个独特之处……

情景2：加强互动

汽车销售人员：张先生，您坐到驾驶座上，我为您介绍一下车内的配置吧……

客户：行啊，我确实想看看。

汽车销售人员：您觉得前排空间怎么样？

客户：嗯，还行，像我这么大块头，坐在这里一点也不觉得挤。

汽车销售人员：驾驶座的空间足够大，才能让您更舒适地开车，太小的空间会让人觉得憋闷，很容易引起驾驶疲劳，对行车安全影响很大。您想不想体验一下这款车的空调？它能够在不超过三分钟的时间里让车内的高温降下来。您看，通过这里可以调节空调温度。

客户：果然啊，才这么一会，车内就凉快很多了……

情景3：情境营造

汽车销售人员：张先生，您试着将驾驶座的座椅向后调，然后打开音响，您平时喜欢听谁的歌呢？

客户：××的吧，我很喜欢听他的老歌。

汽车销售人员：您想象一下，这样一款动力强劲的座驾，能带您去到郊外的原野，您可以像现在这样自由舒适地靠着座椅，听着自己喜欢的歌，欣赏原野上红日初升的壮美风光，您工作上的压力、生活中的重担在这一刻都可以暂时抛开，毕竟您现在的辛苦和打拼都是为了更好的生活，您说是吗？

客户：你说得好啊，有时候确实很想放松一下……

情景4：专业表现

客户：你们这款车怎么样啊？

汽车销售人员：张先生，您具体是想了解哪一方面呢？

客户：各方面啊。

汽车销售人员：呵呵，张先生，恰好我也很喜欢这款车，所以对它比较熟悉，我在1分钟的时间里背出这款车的20个技术指标一点也不成问题。

客户：是吗？1分钟？

汽车销售人员：要不您来计时，我来背？要是我背不出20个指标，就罚我送您一份礼物。

客户：好啊，你试试看。

汽车销售人员：这款车高1 479mm，宽1 786mm，长4 199mm，车身重量1 370kg，排量1.4L，最大功率96/5 000 kW/rpm，最大扭矩220/1 750～3 500 N·m/rpm，油耗6.0L/100km，最高时速200km/h，百公里加速时间9.5秒……（背完19个数据）

客户：你真的记得住这么多啊？得有二十多个数据吧？

汽车销售人员：呵呵，其实我只背出来了19个，还差一个想不起来了，没背完20个，我应该送您一份礼物，这是我们店为客户精心准备的一份礼物，希望您会喜欢。

客户：谢谢。听你背了这么一通，我对这款车更有兴趣了，它都有什么配置呢……

情 景分析

　　客户选车往往会走访好几家车行，对千篇一律的销售说辞具有相当的免疫力。汽车销售人员要想从客户见识过的诸多销售人员中脱颖而出，激发对方的兴趣与好奇，就必须能抓住客户的心理，学会出奇招、出妙招、出"狠"招。在情景1中，销售人员突出了车子的"最"与"唯一"，也就是区别于其他车型的独特之处；在情景2中，销售人员通过与对方保持积极的互动交流来增加产品对客户的吸引力；在情景3中，销售人员则是通过营造出具体的生动的情境来打动客户；在情景4中，销售人员通过巧妙地展现自身的专业来赢取客户的好感与信任。汽车销售人员应该因人而异，对不同的客户采取不同的策略。

错误提醒

　　错误1：汽车销售人员在介绍产品的过程中一定要时刻关注客户的反应，不能自顾自地介绍，如果观察到客户意兴索然，甚至是烦躁不已，销售人员应该及时调整介绍思路或寻求其他的解决方法。

错误 2：汽车销售人员绝对不要夸大汽车的性能和功能，汽车是用来驾驶的，直接关乎客户的人身安危，一旦销售人员所宣传的卖点不存在，就可能酿成极为严重的后果。

技 巧展示

技巧 1：如何突出汽车产品

人们对于独一无二的事物总是有着极其强烈的兴趣，能否挖掘出一款车型的独特卖点，是汽车销售人员能否引发客户兴趣与购买欲望的一大关键。销售人员可以从以下角度去突出汽车的产品卖点。

出发点	示例
从产品自身的独特性出发 强调"最"、"唯一"、"独一无二"、"绝无仅有"	这一款车型是国内销量最大、销售成绩最稳定的； ××（知名人士）最钟爱的座驾就是这款车型； 这款车型的发动机采取的是当前最先进的技术； 这款车型是限量纪念版，在国内只有×辆……
从客户利益与需求的角度出发 阐述汽车能给客户带来的利益，或者能满足客户的某种主导性的需求	这款车型的优惠力度是近几个月来最大的； 这款车型的保值率是最高的……
从与竞争车型的对比角度出发 展示汽车相对于竞争车型有无可比拟的优势	这款车型是同级别所有车型中安全系数最高的； 这款车型是同类车型中最经济最省油的； 在同级别小型车中，这款车型的 NCAP 测试成绩是最好的

技巧 2：情境营造法

客户实际看重的并不是汽车，而是汽车所能带来的功能、满足和结果。因此，汽车销售的实质就是销售汽车最终使用的情境和感觉。如果汽车销售人员能够引导客户去想像汽车使用的具体情境，让客户把这款车真真正正当成自己的座驾，唤起他们的拥有欲，那么销售成功的概率会大大增加，例如：

"想像一下，在每一个红绿灯路口，您这款爱车凭借它非凡的动力和加速性能，总能带着您领跑车流，那种感觉真的可以说是'一览众山小'啊……"

"看得出来您是个非常关爱家庭的人，想一想，如果能在这初夏的周末，驾上这款爱车，带上家人去海边，在碧海蓝天的美景中，与妻子孩子一起享受享受安静自由的生活，这该有多棒啊……"

技巧3：数字的魅力

数字是枯燥的，但是如果汽车销售人员能将数字灵活地运用在销售中，却能起到非比寻常的作用。很多客户在走进展厅之前已经"博览群车"，对汽车的各种技术和指标都有所了解，汽车销售人员要赢得他们的信任与尊重，就必须懂得比客户更多、更深、更精。因此，将汽车的重要数据与指标烂熟于心是一名优秀销售人员必须练就的基本功。

在上文的情景4中，汽车销售人员在一分钟里背出近20个数据，充分展现了自己的专业素养，这自然能够赢得客户的尊重与信任。使用这一方法时还有一个小技巧，那就是比原计划少背出一两个数据。因为客户了解的汽车越多，也就会觉得自己越专业，如果汽车销售人员一个不落地背下20个数据，会让客户的自信心受到一定打击，而销售人员少背一两个数据，并借此送出一份小礼物，会令客户印象更加深刻，心情更加舒畅。

除了与汽车产品相关的数据数字之外，与客户相关的数据数字同样具有非凡的魅力，例如"先生，我们刚才聊的时候，您一共提出了八个问题，有两个是关于汽车安全的，有一个是关于售后的，还有五个都是关于汽车的动力和操控的。看来您对车子的动力性能和操控性很关注，您看需不需要我把这款车前盖打开，我们来看一看发动机呢？"这段话里的几个数据体现的是汽车销售人员对客户高度的、细心的关注与重视，没有哪位客户不喜欢这种被尊重被关注的感觉，因此，这些数字的运用同样能给客户留下深刻的印象。

情景23　如何应答客户的产品疑问

实 景再现

情景1：易于回答的疑问

客户：这款车现在售价多少？

汽车销售人员：67 元一千克。

客户：什么？

汽车销售人员：张先生，是这样的，我们这款车按重量卖的话，一千克只需要 67 元。

客户：那这车有多重？

汽车销售人员：这款车自重 1.4 吨，因此总价是 93 800 元。

情景 2：难以回答的疑问

客户：官方数据显示你们这款车的百米加速时间是 13.2 秒，那实际加速起来用的时间肯定比这还要长，我看其他同类的车百米加速都在 12 秒以下，你们这款车是不是加速性能很一般啊？

汽车销售人员：张先生，上午就有一位客户和您问到了同一个问题呢。我想了解一下，您平时用车的话主要走哪些路段呢？您喜不喜欢飙车呢？

客户：我平时主要走三环和四环，至于飙车，我不怎么喜欢，再说了，我媳妇也不让啊。

汽车销售人员：您主要走的是比较拥堵的市区道路，隔一两个路口就会有一个红绿灯，即使加速性能再好，也很难用得上，况且，当您猛踏加速踏板时，油耗也会大大增加的。我们这款车车身所用的钢板比同类其他车的都要厚，所以自重也超过了别的车型，达到了 1.4 吨，如果我们采用薄一点的钢板，相信百米加速成绩达到 12 秒是不成问题的，但是您肯定不希望用人身安全来换取不太实用的加速性能吧。其实，一款好车并不一定非得各项指标都出类拔萃，而是要适合自己，开着舒服，用着安全，您说对吧？

情景 3：不会回答的疑问

客户：你们这款车的理论油耗是一百公里 9.4L，那在高速公路上行驶的实际油耗是多少？在市区的实际油耗呢？我需要经常开车去远郊区县，那样的话，油耗又是多少呢？

汽车销售人员：张先生，您真不愧是律师出身，思维缜密，对待事情非常细致认真，我不想随便敷衍您。您问的这三个数据，非常惭愧，我现在并不知道准确的数据，我先记在笔记本上，待会我打电话问一下我们的专业试车员，问清楚这三个数据后再告诉您，好吗？

客户：行。

汽车销售人员：那我们现在来看一下中控台吧……

情 景分析

　　汽车销售人员在介绍车型的过程中，有很多客户会一个问题都不提，或者只是一味地点头称是，要说动这样的客户做购买决定是比较困难的。真正有购买意向的客户会不断地提出他们所关心的问题，会对车型百般挑剔、质疑，他们才是潜在的"准客户"。客户提出的问题一般可分为三类：第一类是普通问题，易于回答的，销售人员可以直接作答；第二类是难以回答的问题，如客户挑出某款车的毛病、缺陷、不足或者刻意刁难等，销售人员应该机敏谨慎地回答；第三类问题是超越了销售人员的知识范围，不知道如何回答的，此类问题汽车销售人员可以先认真记下来，并向客户做出何时解答的承诺，然后转向其他话题。

错误提醒

　　错误1：客户如果挑出了汽车的毛病与问题，汽车销售人员应该冷静对待，尽力消除这些问题给客户留下的负面印象，而不应该遮遮掩掩或者矢口否认。每一位客户都希望与自己打交道的销售人员是诚实的、守信的。

　　客户：听说你们这款车很耗油啊，在网上还被评为"油老虎"，是吧？

　　汽车销售人员：您从哪里听说的啊？我们这款车的理论油耗只有一百公里8.4L，怎么可能是"油老虎"嘛！您不了解就不要乱说。

　　错误2："知之为知之，不知为不知"，作为汽车销售人员，应该精通汽车行业的知识，但是人的知识面总是有限的，当客户提出销售人员暂时无法作答的问题时，恰恰是最能体现一位销售人员专业性与风度的时候，不要敷衍客户，也不要随便捏造一个想当然的答案应付对方，应落落大方地承认自己不知道，并仔细地记下问题，向他人请教后再告知客户，这才是正确的做法。

　　客户：你们这款车的理论油耗是一百公里9.4L，那在高速公路上行驶的实际油耗是多少？在市区的实际油耗呢？我需要经常开车去远郊区县，那样的话，油耗又是多少呢？

　　汽车销售人员：应该都是9.4L左右吧，反正差也不会差太远。

　　客户：你到底知道还是不知道？

技 巧展示

　　真正有购买欲望和意向的客户会不断地就汽车的各方面细节提出问题，汽车销售人员的回答将直接影响他们的最终决策，因此，回答客户提问时，销售人员要慎之又慎，应注意以下三点。

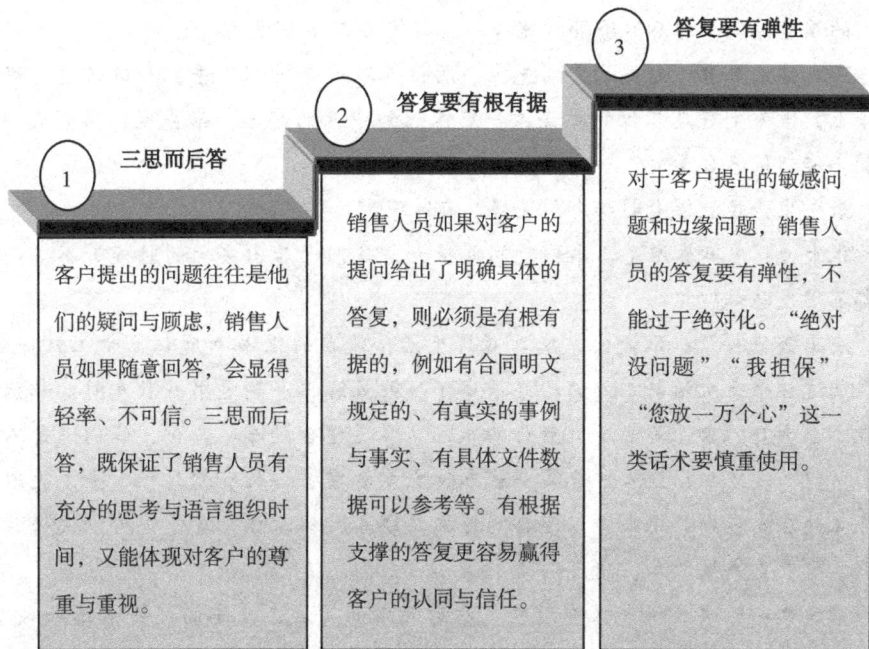

① 三思而后答

客户提出的问题往往是他们的疑问与顾虑，销售人员如果随意回答，会显得轻率、不可信。三思而后答，既保证了销售人员有充分的思考与语言组织时间，又能体现对客户的尊重与重视。

② 答复要有根有据

销售人员如果对客户的提问给出了明确具体的答复，则必须是有根有据的，例如有合同明文规定的、有真实的事例与事实、有具体文件数据可以参考等。有根据支撑的答复更容易赢得客户的认同与信任。

③ 答复要有弹性

对于客户提出的敏感问题和边缘问题，销售人员的答复要有弹性，不能过于绝对化。"绝对没问题""我担保""您放一万个心"这一类话术要慎重使用。

公司一般都会收集、整理客户常问的一些问题，并将标准答案或者参考答案制作成详尽的"答客问手册"，汽车销售人员在上岗之前要熟记这些材料，以便回答客户类似的问题，不要信口作答。

情景 24　如何向群体客户介绍汽车

实 景再现

张先生带着太太和两位朋友赵先生以及刘先生一起来选车，汽车销售人员了解到张先生夫妇将共同负担购车的款项，而两位朋友都有过购车的经验，因此被张先生请来做参谋，四个人看了一圈，最后关注的重点落在了 A、B 两款车上……

汽车销售人员：几位觉得 A 和 B 哪款车更适合呢？

赵先生：虽然价格差不多，但是 A 车的配置，如六大气囊、MABS 系统等，明显要比 B 车高级啊。

刘先生：A 配置好一点是没错，但是 B 车的品牌比 A 车要响啊，B 车现在在国内的销量稳定，售后服务非常完备，这些优势 A 车可没有。

汽车销售人员：赵先生，刘先生，两位真不愧是行家里手，一句话就能说到点子上，张先生有您二位的参谋，一定能选到中意的好车。张先生，张太太，这两款车您二位怎么看呢？

张先生：我觉得老赵和老刘说得都有道理啊。

张太太：A 车真漂亮，车内空间也很大，我们以后出去玩的时候带再多的东西都不用发愁啦！

汽车销售人员：张太太，您真懂得生活，现在的很多家庭都忙于工作挣钱，能像您这样平衡生活与工作的已经很少了。很多客户在购置第一款车时，都想选一款十全十美的车，其实没有最好的车，只有最适合的车，各位，你们说是不是呢？所以，我经常建议客户选第一款车时主要看重安全性和驾控性。张先生现在事业正处在发展期，将来肯定还会购置第二辆车，那时候，我觉得可以选择品牌更好、配置更高端的车。您说呢？

张先生：你这么说也很有道理。以后开车的是我，坐车的还是老婆和孩子，安全是比较重要的……

情景分析

人们在进行贵重商品消费时，往往都会比较谨慎，也会重视身边亲友的参考意见和经验。汽车消费虽然已经有大众化的趋势，但依然需要比较大的投入与花费，因此，客户携家人朋友一起参与选车、购车就很常见。汽车销售人员在向此类群体客户介绍产品时，首要的工作是辨明每一位成员在购车这项活动中所扮演的角色，分清决策者、支付者、使用者和影响者，找出群体中最关键的人物。这个群体中任何一位客户的某个意见都可能影响购车决策，因此，汽车销售人员对每一位客户都要照顾到，但又要明确主攻的关键目标客户，做到"面面俱到，有主有次"。

错误提醒

群体客户在评价同一款产品时，通常都会冒出许多互不相同甚至是对立的意见和看法，遇到这种情况，汽车销售人员不宜以鲜明的立场支持一方或者反对一方，这样很容易得罪一部分客户，为促成销售带来很大困难。

客户甲：我觉得这款车的安全配置很全面，设计也很人性化。

客户乙：一般吧，我觉得那边的那款车更好，不仅安全性高，而且发动机也是一流的，开起来一定会非常带劲。

汽车销售人员：是呀，乙先生您说得对，看来您是个行家呀，那边那款车确实要比这款好……

技 巧展示

技巧1：如何分辨群体客户的角色

汽车销售人员接待群体客户首要的一步是分辨出每一个人在购买行为中扮演的是什么角色。销售人员可以直接询问，也可以通过观察来判断，除此之外，还有一种方法就是"群体讨论"，也就是由销售人员有目的性地提出一个讨论话题，引导众人参与到讨论中，从中辨别各人的角色和重要性，以及每一位成员的观点和态度。例如，在上文的情景中，销售人员抛出的讨论话题是"A和B哪款更适合"，从众人讨论中，可以发现刘先生与赵先生有不同的看法，而张先生没有明确的立场，张太太有明显的偏向，同时对其他几位有比较强的影响力，于是，销售人员可以将张太太作为主攻的对象。

技巧2：接待群体客户时的注意事项

汽车销售人员在接待群体客户，向他们推介汽车的过程中，需要注意以下几点。

1. 分清角色

在接待群体客户时，汽车销售人员的首要工作就是分辨群体中每一个成员的角色，把决策人、支付人、影响人和使用者一一找出来，并判断每一个角色在购车决策时的分量与关键性。汽车销售人员应该"多听少说"，从客户之间的交流中去推测每个人的角色。

2. 找准关键人物

关键人物是指对交易达成能起到最主要的推动与促成作用的客户。这个人可能是决策人，也有可能是支付人，同样也可能是影响人或者使用者。例如，一家三口来看车，可能父母都没有很强的意向，但是孩子喜欢车子的外型和车内的配置，那么，孩子就很可能成为关键人物。

3. 有效引导

群体客户最容易出现的一种状况是相互之间产生意见分歧，谁也不能说服谁，这时候销售人员往往被拉出来做评判。在这种状况下，做评判是不理智的，不管销售人员站在哪一方，都很可能得罪另一方，因此，汽车销售人员应该做的是"求同存异"，有效引导分歧的各方就某些方面达成共识，从而锁定适合的车型。

4. 面面俱到

销售人员找到关键人物后，并不意味着对其他客户就可以置之不理。在主攻关键人物的同时，销售人员对其他客户的看法与感受也要细心照顾到，不要吝啬赞美，更不要让客户有被轻视的感觉。

情景 25　如何评价竞争对手的车型

实景再现

情景 1：

客户：我觉得，你们 A 品牌的这款车和 B 品牌最近推出的车很相似，价位就差五千元，配置好像差别也不大。你觉得 B 品牌的那款车怎么样？

汽车销售人员：您说的是 B 品牌新推出的款型啊？说实话，我本人也很感兴趣，上个月还去试驾过呢。那款车外型非常前卫、时尚，起步很稳，提速很快，瞬间就能爆发出强劲的动力。我有一位客户也看上了那一款，但最后还是没定下来。

客户：为什么呢？

汽车销售人员：他和您一样是做生意的，经常要开着车接送或者拜访客户，他觉得那款车外型过于奔放、张扬，安全配置不太高，车内的空间也有点挤，平时自己用还是不错，但是商务用的话有一些不合适。

客户：这样啊……

汽车销售人员：生意场上有句话叫"人如其车，车如其人"，外型沉稳内敛，内饰高贵雅致，动力强健稳定，安全有所保障，我想，这样的商务车更能成为您工作中有力的助手，您说呢？

情景 2：

客户：看到你们这款 A 车，我想起前一阵试驾过的 B 车，价位差不多，用的还是同样的发动机，有什么差别吗？

汽车销售人员：您试驾了呀？我也很想去试试那款车，在网上看过 B 车的很多帖子，可惜一直没机会去试驾。我们这款 A 车和 B 车确实在配置上不相上下，它的外型甚至比我们的还要漂亮，意大利设计师就是别具风格。其实如果是我买车的话，A 车和 B 车都是不错的选择。但是 B 车在国内的销量不太高，服务网点有限，维修保养的费用要贵一点。而我们 A 车已经连续三年上榜"十大畅销车型"，早在 2016 年就突破了百万销量，仅在本市就有 33 个售后服务网点，不仅方便您维修保养爱车，而且收费上要合理得多。

情景分析

很大一部分客户在购车之前都会比较几款不同品牌的车型，然后从中选择一款最心仪的。因此，汽车销售人员在与客户沟通时不得不面对一个两难话题：怎样评价竞争品牌或车型。如果销售人员夸了竞争车型，客户可能会对竞争对手的车型更加动心，这无异于"为他人做嫁衣"；但是攻击或者贬低对手，又会令客户对销售人员的印象和好感大打折扣。

因此，如何评价竞争对手的车型是个难题。汽车销售人员要处理这个难题的关键就是要找准客户最核心的诉求，然后对竞争车型采取"明褒暗贬"的策略，在客户不太在乎、不太看重的卖点上真诚夸赞对手，而在客户最关注的诉求点上不着痕迹但却一针见血地指出对方的缺点与劣势，让客户不仅觉得销售人员的评价客观公正，而且降低甚至打消其对竞争车型的热情。例如，在情景 1 中，客户要购买的是商用车，销售人员就从外形和加速性能上来夸对手，然后再通过其他客户的案例来点出对手车型不适合商用的地方，从而改变客户的看法与倾向；在情景 2 中，客户看重的是售后服务和养护费用，销售人员就着力称赞对手车型的外观，同时点出竞争品牌销量少、售后网点不全、维修保养费用偏高的缺陷，这就是"明褒暗贬"。

错误提醒

错误 1：很多情况下，客户可能对竞争品牌有着强烈的好感，但并没有表明这种情感，这时如果汽车销售人员不明所以，直接攻击或者挑剔竞争品牌，很容易激起客户强烈的反感。

客户：你觉得 A 品牌的新车型怎么样？

汽车销售人员：A品牌不是国产品牌嘛，质量靠不住的。

客户：国产品牌怎么了？我还就喜欢国产品牌，我还要去买A品牌的车！

错误2：客户如果没有主动提起竞争品牌，汽车销售人员就尽量不要提及，尤其是相比己方品牌有着直接的竞争关系和明显优势的，以免弄巧成拙。

汽车销售人员：我们这款车在C-NCAP测试中取得了5级的好成绩，您看A品牌的新车型，才拿到了3级。

客户：是吗？你不知道人家A品牌的新车在欧洲NCAP测试中拿的是五星吧？

汽车销售人员：这……

技 巧展示

评价竞争车型的"三不三要"原则

作为一名汽车销售人员，总是绕不开竞争品牌这个难题。在应对竞争车型时，汽车销售人员既要谨慎评价，又要善用技巧，将客户的注意力和兴趣扳向有利于自己的一边。处理此类问题，既有禁忌，也有方法，具体来说就是"三不三要"。

1. 不诋毁攻击——尊重竞争对手，绝不无凭无据对其诋毁、攻击。

2. 不消极回避——客户主动询问时，销售人员要积极应对，不能消极回避话题。

3. 不主动提及——销售人员尽量不要主动提及竞争品牌，尤其是有竞争力的对手。

4. 要探明虚实——摸清楚两方面的信息：客户对竞争车型的了解情况及印象如何？客户选车购车最关注的是什么？这既是对客户需求的挖掘，也是在为"暗贬"竞争对手寻找切入点。

5. 要明褒暗贬——没有一款车是十全十美的，竞争车型当然有优点和特色，但是也有其缺陷和劣势。"明褒暗贬"指的是对手较为明显的优点与优势要夸赞，更重要的是，要从客户最主要的需求与关注点出发，找出对手在这方面的不足与缺陷，并将这些信息以暗示的方式传达给客户，这样做既给客户留下了公正客观的好印象，又让客户对竞争车型的好感与期望打了折扣。

6. 要点到即止——点到即止包含两方面的意思：一是对竞争车型的缺陷与劣势不要过分渲染，暗示到位即可；二是不能纠缠于竞争对手的话题，达到明褒暗贬的目的即可，要适时地将话题转移到自己的产品上来。

Chapter 3

第3章

试驾：用体验增好感

◆ 试乘试驾之前的准备工作

◆ 起步之前的"热身"交流

◆ 把握时机强调汽车的特色

◆ 行驶途中细心提示及提醒

◆ 体验后积极征询客户评价

◆ 客户拒绝试乘试驾的应对

◆ 安抚不宜试驾客户的情绪

客户对自己亲身体验过的商品往往会有深刻的印象，因此，试乘、试驾是拉近客户与产品、汽车销售人员之间关系和感情的至为关键的一步。客户试乘、试驾的感觉与体验，直接影响着他们最终的购买决策。

汽车销售人员工作日志

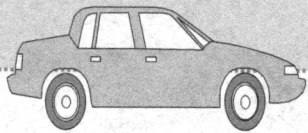

我看客户对车子挺喜欢的，就请他试驾体验一下，客户却摇摇头拒绝了，真搞不明白为什么……

客户没有驾照，也没有驾驶经验，按照规定不能试驾只能试乘，可是客户非要亲自驾驶一下，否则就不看车了，这该怎么办……

客户试驾时，我抓住等绿灯的机会，介绍了这款车的几个卖点，可是客户很快就打断了我，让我别说话，不让说话我怎么能告诉客户这款车好在哪里呢……

客户试驾时选了一条比较堵的交通线路，结果在路上堵了将近半个小时，客户的心情一下子就糟透了……

客户试驾完毕后，挑出了很多不满意的地方，如车门的门边做工不细致、有毛边，高速驾驶时车轮有些打摆、发飘，发动机有很大的噪声等，我觉得要说服这个客户买车肯定不大可能……

第1节 准备试驾

情景26 试乘试驾之前的准备工作

实景再现

情景1：核验客户相关证件

汽车销售人员：张先生，在试车之前，我们需要登记一下您的身份证号和驾驶证号。您方便让我看一下证件吗？

汽车销售人员：张先生，我可以复印一下您的驾照吗？这份是试乘试驾承诺书，需要您在这里签一下名。

情景2：沟通试驾线路与试驾内容

汽车销售人员：张先生，我们今天的试驾线路选在××路，您看可以吗？

客户：××路那一带很偏呀，不能去二环路上试车吗？

汽车销售人员：张先生，是这样的，您刚才看车的时候不是一直非常关注这款车的动力性能和操控稳定性嘛，因此我们精心为您选择××路来试驾。这条路总行程是35公里，您看这份路线图，先是一段15公里的高速，接着是普通路段，这里有一个弯道，还有一个缓坡。在这样的道路上试车，更能全面地体验这款车不凡的性能，您说呢？

客户：原来是这样啊，那好吧。

汽车销售人员：待会儿试驾，我先驾驶一程，等您对路况熟悉了，就由您亲自驾车，您看这样可以吗？

客户：好吧。

情 景分析

对于车行来说，试乘、试驾既有人力成本，也有车辆磨损、油耗、保养的成本，还有车辆试用过程中潜在的风险成本。既然有这样大的成本，那么汽车销售人员更要争取让每一次试乘、试驾都可以达到尽可能完美的效果，尽可能地促进销售达成，要达到这一点，首先就要从试车之前的准备工作抓起，准备得越充分、越细致、越周到，客户的满意程度就会越高。

技 巧展示

技巧1：试乘、试驾之前的准备工作

汽车销售人员的准备工作直接影响到客户试乘、试驾的效果。在试车之前，销售人员要做好以下几项工作。

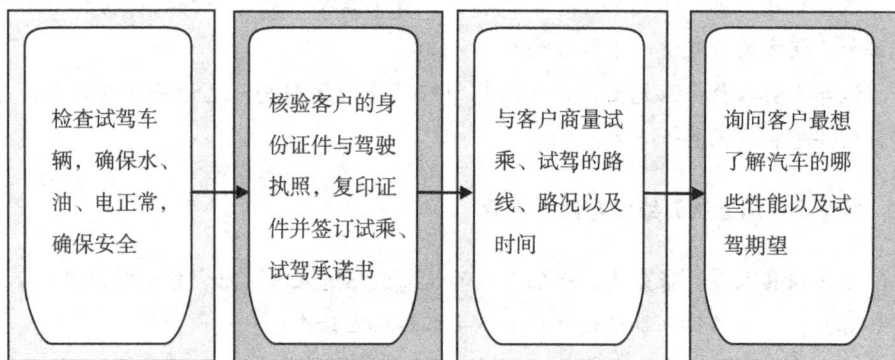

| 检查试驾车辆，确保水、油、电正常，确保安全 | → | 核验客户的身份证件与驾驶执照，复印证件并签订试乘、试驾承诺书 | → | 与客户商量试乘、试驾的路线、路况以及时间 | → | 询问客户最想了解汽车的哪些性能以及试驾期望 |

技巧2：选择试乘、试驾线路的注意事项

有驾驶经验的人大都有这样的感受：在宽敞、顺畅的道路上行驶心情会很愉悦，而在拥堵、嘈杂的主干道上一步一步挪动却很容易令人焦躁。因此，一条合适的试车线路可以让客户心情保持舒畅，进而提升体验的满意度和愉悦感。选择线路时销售人员应注意以下几点。

1. 在安排试驾线路之前，应了解客户平时较为熟悉的路段和路况，作为参考依据
2. 试驾线路应尽量避开交通拥堵、人群集中的路段和时段，并实地查看、熟悉路况
3. 客户对拟定的试驾线路存在异议时，销售人员应该耐心说服，不能轻易放弃自己熟悉且有把握的路线方案
4. 试驾时应先由陪驾人员驾车带客户熟悉路况，再由客户亲自试驾

情景27 起步之前的"热身"交流

实 景再现

汽车销售人员：张先生，您试着站在这个角度看看，据说从45度角去看一款车是最漂亮的。您看这线条、这款车的前脸，还有这犀利的前大灯，您从这款车的侧面看它像不像一只俯冲的雄鹰？

客户：嘿，你还别说，尤其是这个前大灯，真的挺像鹰的眼睛。

汽车销售人员：（打开车门）张先生，您觉得我们这款车车门做工怎么样？

客户：不错，接缝很均匀，我朋友新买了一款A品牌的车，那车门的门边一看就不是一次成型的，还有毛边呢。

汽车销售人员：是的，要看一款车的质量如何，最实在的方法就是看细节的地方，您说呢？我们上车吧……张先生，您以前最熟悉什么车呢？

客户：我对你们两年前上市的B车比较熟，我哥就有一款，节假日的时候我经常拿它练手。

汽车销售人员：那样就更好了，我们这款车与B车相比，加油踏板、刹车踏板、中控台的设置都有相通之处，相信您驾驶起来是不会有陌生感的。

客户：是呀，这车用起来就是有熟悉感。

汽车销售人员：张先生，您现在可以打开音响和空调，体验一下……

客户：这音响不错啊，很带劲。

汽车销售人员：嗯，这音响是索尼的，在车内，开着它就像置身剧院一样，音效很棒的。张先生，您觉得这空调温度还适中吧？

客户：是挺好的，才这么一会，车内温度就降下来了。

汽车销售人员：张先生，我们这款车的空调制冷速度特别快，即使车一直在太阳底下暴晒，只要把空调打开，不到两分钟时间，车内就会很凉快了。而且，前后左右四个位置都可以独立控制、调整，可以满足每一位乘客对温度的不同需求。现在您可以启动马达，感受一下发动机有没有颤动，再加大油门，听听声音的变化。

客户：嗯，难得，动力很足，而噪声又非常小。

汽车销售人员：是呀，很多客户试车的时候都说，很难想像动力这么"澎湃"的车子噪声却这么小……

情景分析

在客户试车之前，汽车销售人员如果能够抓住短暂的时间和机会，向客户形象地展示这款车型的外观、内饰、主要特色，让客户有一个先入为主的良好印象和初步了解，那么客户在试驾时对汽车的性能与特点会有更深刻的体会。起步之前的"热身"交流，主要就是为了提升客户对试驾的兴趣和热情。

错误提醒

很多客户一看到试驾车，就恨不得能立刻坐进去发动起来。汽车销售人员不应该对客户太顺从，在起步之前，应让客户熟悉汽车内外的各项装置、配置，这样，客户在试驾时才能体验到多项功能，对车子的印象和好感才会越深。

技巧展示

技巧1：试驾之前先"热身"

在试乘试驾前，汽车销售人员应先让客户熟悉和了解汽车，这就像体育活动中的热身一样，这能够充分地调动起客户的试驾积极性。销售人员可以从以下三方面来引导客户"热身"。

1. **品外观**——重点介绍汽车的外观风格、特色、可选颜色等；介绍车门窗的做工、接缝、厚度、密闭性以及是否有划痕等，不需要向客户报出具体的数据，主要是引导客户去观看、去触摸，形成良好的感官体验

2. **品内饰**——让客户坐到汽车的驾驶位、副驾驶位以及后排座椅上，感受座椅的做工、空间、舒适度、可调节性；让客户亲自试操作仪表盘、中控台、变速器、手刹、储物格、空调等，感受操作的方便性以及人性化设计；让客户打开音响，体验音效等

3. **听发动机**——让客户感受发动机在怠速状态时是否平稳，有无不规则的颤动；加大油门，让客户听发动机的声音有无变化，有无金属摩擦声或者沉闷的碰撞声

试驾之前先"热身"

技巧 2：对待不同类型客户应有不同侧重点

由于各个客户的性别不同、购买目的不同、对汽车的熟悉程度不同，在考察一款车时，他们的侧重点也会有所差别，汽车销售人员在引导客户"热身"时要根据客户的实际情况和喜好来突出不同的卖点。

客户类型	侧重点	话术示例
女性	外型、安全、便利、储物空间、内饰、优惠	这款车天生就是为漂亮的女士打造的。您看遮阳板上的化妆镜，您能看出它的两个特别独特的地方吗？化妆镜上方有一个照明灯光，正好可以打在您的身上，这样您可以更清楚地看到镜子中的自己。这化妆镜有里外两块，上面的这一块是普通的平面镜，用来常规化妆的，而推开这一面，下面还有一块凹镜，可以将脸上的局部放大，这样您就不用为了看清脸上的东西而使劲向化妆镜前凑了，您说这样的设计是不是很贴心呢

（续表）

客户类型	侧重点	话术示例
男性	品牌、驾驶乐趣、汽车动力和驾控性能、新技术	座椅电加热的功能您肯定常见，但我们这款车不但具有加热功能，还有制冷功能，您想咱们这个城市夏天多热啊，在炎热的天气坐在制冷座椅上是多么舒服啊
初次购车	价格、油耗、维修费用、性价比	这款车的外型很大气，设计很潮流，够气派，可以说是A级车的价格，B级车的价值，而且省油，百公里才8个油，而且售后服务非常规范，费用也比同类车要低得多
再次购车	豪华、品位、品牌、他人刺激	这款车的车身长达5米，轴距达3米，绝对称得上是超豪华车，外型圆润，从内到外都透着完美气质。更值得一提的是，它的内饰近乎是纯手工打造的，目前在国内不超过×辆
熟悉汽车	发动机功率、扭矩，气门、发动机新技术	这款车的发动机连续14年获得"全球十佳发动机"称号，其最大输出功率为185kW/6 000rpm，最大输出扭矩为326N·m/4 400rpm，它采用的是NICS气门可变控制技术和C－VTC连续可变气门正时智能控制系统
不熟悉汽车	外观、内饰、仪表盘、灯具	您看，这款车的内饰采用的是温馨大方的米色，这种色调能营造出阳光、典雅、大气的感觉

第2节 过程管理

情景28 把握时机强调汽车的特色

实 景再现

情景1：等红绿灯时

汽车销售人员：张先生，刚刚那个弯您过得真漂亮！又稳又快！您自己感觉怎么样？

客户：呵呵，是啊，我以前开别的车过弯时只要速度快一点，侧倾是免不了的，没想到这款车过弯能这么顺畅！

汽车销售人员：这款车在这方面做了很大的改进，采用的是深得欧洲操控精髓的高性能底盘，还有经过优化设计的增强型前麦弗逊后多连杆的全独立悬挂，这能提高高速行驶的稳定性，也可以抑制高速过弯时的侧倾现象。这款车配备了电子稳定控制系统和弯道刹车控制系统，还有抓地性能很强的18英寸轮毂和低滚阻力宽胎，可以让您在过弯时游刃有余。您平时需要经常性地往返这条线路，光这一条路就有十多个弯道，是市郊之间风险很大的一条交通要道，因此，我觉得操控性和稳定性对您来说是相当重要的。您说呢？

客户：是呀，我开以前的那辆车，就曾经在这条路上出过事故，幸好只是刮了车，不太严重，但我家里人一直提心吊胆的。这款车的表现还不错。

情景2：平稳行驶时

客户：这款车胎噪、风噪挺大啊！我朋友的车开起来，车内可是一点动静都听不到的。

汽车销售人员：张先生，车子行驶过程中，肯定会有振动和摩擦，这样就一定会有声音。刚才时速没有超过90公里的时候，车内很安静；超过100公里时，有轻微的胎噪和风噪；现在的时速是120公里，我们可以听到发动机舒缓的低鸣声。您听车外的声音，是不是很平缓、很流畅呢？我们的客户很多都喜欢跑高速，因为这种轻缓的声音能让他们体验到驾驶跑车一般的快乐。您说是不是这样呢？

情景分析

为了安全起见，汽车销售人员在客户的试驾过程中，尤其是在不稳定的路况条件下，不宜长篇大论地向客户介绍汽车的卖点。因此，在试乘、试驾过程中遇到红灯、中间休息或者处于平稳路况时，销售人员可以根据实际情况，抓住这些时机来与对方交流试车的体验。客户在试车时，对汽车性能有亲身操作和体验，再加以销售人员的辅助介绍，会给客户留下更加深刻的印象。

错误提醒

错误1：在客户专心开车时，汽车销售人员不要过多说话，让客户可以用心地体会驾驶的乐趣。

错误2：客户在试车时，一般都是抱着既向往又挑剔的心态，因此，很可能直率地指出汽车的某些不足之处。这种情况下，销售人员不宜据理力争，也不要敷衍搪塞，以免破坏客户试驾的情绪与心情。

技巧展示

技巧1：行车过程中安全是第一位的。汽车销售人员应该把握好开口的时机，尽量抓住等红灯、中途休息或者处于平稳路况的时机与客户进行交流。客户接触或者使用到某项功能时，也是比较好的交流时机，例如客户觉得热，则可以打开空调并介绍其性能；客户想喝凉的饮料，可以介绍车载冰箱；客户要打开车窗，可以介绍防夹电动窗以及天窗等。

技巧2：如何才能让客户主动地与销售人员分享试驾的感受呢？有一个非常有效的方法，那就是赞美客户的车技。常用的话术如下。

"先生/女士，您车开得真稳，刚刚提速的时候我一点都没感受出来，非常平缓，您自己感觉怎么样？"

"先生/女士，刚刚的您那个紧急制动真是干净利落，我虽然开了四五年车了，但是刚才要让我来驾驶，我恐怕也做不到呀。"

"先生/女士，您倒车真是驾轻就熟，就这么两三下，车子停得四平八稳，真不错。您觉得这倒车雷达好用吗？"

情景29 行驶途中细心提示及提醒

实 景再现

情景1：路况提示

汽车销售人员：张先生，前面是高速入口，我们上去跑一跑吧。

客户：好啊。

汽车销售人员：您可以加速了。感受一下座椅的推背感，怎么样？

客户：嗯，不错，感觉非常明显。

情景2：危险提示

汽车销售人员：张先生，前面就是环形公路，有好几个弯，来往车也比较多，您当心一些。

客户：哦，我知道这条环形公路，上个月还出过一次事故呢。

汽车销售人员：过前面的弯道时，您可以体验一下这款车的抓地性，看看会不会有飘逸和甩尾……

情景3：操作提示

汽车销售人员：（客户未扣安全带）张先生，您系上安全带吧。我们有规定，客户试驾时必须扣好安全带。

客户：好吧。

汽车销售人员：（客户要违章闯红灯）张先生，红灯了，我们就稍等一会儿吧。

客户：我最烦等红灯了，尤其是这个路口，车多人也多。

汽车销售人员：呵呵，其实等红灯是有好处的，等一下绿灯的时候，您就能体验到这款车的起步和加速优势了。

客户：这倒也是，可以试试看。

情 景分析

客户在试车时，为了能够深入体验车辆的各种性能，其往往会采取比较偏激的驾驶方式，例如不扣安全带、不守红绿灯、不控制车速等。这种情况下，汽车销售人员一定要及时地制止客户，提醒客户以正确的方式驾车，并引导客户去体验每一种路况下车辆的性能与特点。

😞 错误提醒

试驾是有风险的，为了客户和自身的人身安全，汽车销售人员绝对不应纵容客户不恰当的驾驶行为。为了保证安全，销售人员应该尽量走自己或者客户较为熟悉的路线，不要临时更改线路。

技 巧展示

试驾安全高于一切

汽车销售人员作为陪同试驾人员，对客户的安全负有重大的责任，因此，及时提醒和警示客户的驾驶方式是销售人员的职责。有的客户可能平时就不习惯系安全带，或者喜欢超速行驶，对销售人员的提示也不加重视，这种情况下，销售人员也要勇于坚持自己的原则和立场，因为试驾安全高于一切。

情景 30 体验后积极征询客户评价

实 景再现

汽车销售人员：张先生，刚刚试驾了一圈，您最大的感受是什么呢？

客户：我觉得在高速上那一段感觉特别不错，加速的时候，推背感强烈，能听到发动机的轻微低鸣，再配上音响带来的摇滚乐，那种驾驶快乐真是难以形容。

汽车销售人员：是呀，高速上行驶是挺有感觉的，这款车的前麦弗逊后多连杆独立悬挂系统很有欧系运动型轿车的风格，而且多了稳固性和坚实感。我们刚行驶在坑洼路面时，方向盘还会有轻微的跳动，路感很清晰；而在普通路面行驶，跳动感又不会很明显，可以说是收放自如，舒适感和动力性共存，您说是吧？

客户：我在网上查资料的时候，就看到有网友说，这款车最适合我这样的三十而立的人开，该放松的时候这车可以让人放松，该狂奔的时候这车可以跑得比其他车都要野。它还真是这样的一款车。

汽车销售人员：张先生，看来您对车真的挺有研究的。我很想知道，这款车有没有什么地方不太让您满意呢？

客户：油耗太高啦，百公里 15 个油呢，这样的一款车，养起来还真挺费力的。还有就是，这款车虽然从外型上看挺大气的，但是车内的空间其实并不大，前排空间还可以，但是后排空间就有点挤了。

汽车销售人员：您说的是有道理的。这款车的标准油耗是百公里 11 个油左右。今天我们是大中午顶着太阳出去的，一直开着空调，所以油耗高了些。这款车的空间不能说小，这后排座椅是可以调节的，您看，这样调节一下，是不是显得空间要大多了呢？

客户：唔，这样看起来还不错。

汽车销售人员：您要是喜欢这款车，我们库房还有黑色和红色两种颜色呢。

客户：哦，我不急着买，再看看。

汽车销售人员：张先生，不买没关系，您能试驾我们这款车，并且给出这么多专业的评价，我们已经很高兴了。我们店喜欢将客户们试驾的评价和反映记下来，贴在我们展厅的这面墙上，您介不介意我把您刚才的评价也贴上去呢？

客户：哦，是吗？当然可以了，我也很想看看其他人试车后的感受呢……

情 景分析

试车之后正是客户对汽车印象最深的时候，汽车销售人员应该抓住机会询问客户对试驾车的评价和看法，以判断对方的意向与喜好。客户对车型有问题或疑义，销售人员应该及时给予解答说明；客户对车型赞不绝口，喜爱之情溢于言表时，销售人员则可以趁热打铁，试探着向客户发出成交信号，即使客户拒绝了，销售人员也可以用张贴试驾评价的方式来吸引客户驻留，了解其他客户的试车意见，这样，无疑再次加深了客户对该款车型的印象和好感。

错误提醒

错误1：试乘、试驾的目的是为了销售，因此，汽车销售人员不能让客户一试完车就离开，必须要了解客户的试车评价与看法，以便进行目标客户分类和跟进工作的安排。

错误2：客户试车是需要店方出车出人力的，因此，在试车后，客户出于礼节、礼貌，第一句评价往往是正面的。汽车销售人员不能凭这一句肯定就断定客户喜欢这款车，进而频频催促客户购买，这样既仓促又鲁莽。销售人员应该在详细地挖掘客户的真实意见之后再对他们的意向进行判断。

技 巧展示

技巧1：客户在购买一款车之前很可能会去多个店进行试乘、试驾体验，而客户体验最深刻、最独特的那一家店无疑最有可能赢得订单。因此，汽车销售人员要想达成销售，就应该想方设法地加深客户对试乘、试驾体验的印象，常用的方法如下所示。

1. 鼓励客户在试乘、试驾前后进行拍照，让客户把照片带回家。

2. 常带笔记本，随时记录客户在试乘、试驾途中的评价。

3. 条件允许时可以让客户开着试驾车去找家人、朋友、邻居等，他人的赞美和羡慕会大大增加客户的满意度与购买欲望，例如，如果一位年轻的客户开着试驾车到女友家楼下，按按喇叭，其女友家人邻居如果能夸赞这款车几句，那么这位客户购车的可能性将大大提升。

技巧2：试乘试驾意见表

客户对试乘、试驾的评价和意见是非常重要的信息：第一，它可以体现客户对试驾车型的满意程度，第二，它可以透露客户在选车时主要的诉求点，第三，它对于以后来选车、购车的客户来说，是非常具有说服力的销售工具。

下面是"试乘试驾意见表"，根据实际的情况，这份表可以由客户填写，也可以由销售人员根据客户试车过程中表达出来的评价和意见自行整理而成。

试乘试驾意见表

客户姓名：_____ 　　　　　联系方式：_____

试乘试驾车型：_____ 　　　试乘试驾时间：_____

1. 请您就以下项目对试乘试驾车型给出您的意见	
起动起步	
加速性能	
转弯性能	
制动性能	
行驶操控性	

（续表）

驾驶视野	
乘坐舒适性	
静谧性	
音响效果	
空调效果	
操控便利性	
内部空间	
内饰工艺	
上下车便利性	
外型尺寸	
外部造型	
2. 您对陪同试驾人员的意见	
3. 您对经销店试乘试驾服务的意见	
4. 您的其他宝贵意见和建议	

第3节 问题处理

情景31 客户拒绝试乘试驾的应对

实 景再现

　　客户张先生专程到店里来了解最近很热门的一款车型，汽车销售人员为他做了详细的介绍，客户里里外外将这款车看了个遍，看起来很是喜欢，于是销售人

— 93 —

员向张先生提出了试驾的建议，不料，客户摆摆手，连连表示不用试驾……

情景1：寻找原因，对症下药

汽车销售人员：张先生，是不是这款车您不怎么喜欢呢？

客户：没有。

汽车销售人员：那您是不是今天有急事抽不出时间试车呢？

客户：没，我今天特意出来看车的。

汽车销售人员：这样的话，我真心建议您试一试这款车，它在目前市面上几十款紧凑型车中销量排名前三，没有品质保证就不可能有这样的成绩。选车是一个反复挑选和相互比较的过程，您试过这款车，再去对比其他的紧凑车型时，心里不就更有底了嘛，您说是吧？

情景2：以汽车的卓越性能打动客户

汽车销售人员：张先生，这款车在网上有个公认的称号，叫"无敌小钢炮"，说它的动力"激情澎湃"可是一点也不过分，2.0TSI发动机，加上6速DSG双离合自动变速器，它的极限速度可以达到235公里/小时，百公里加速成绩达到了7.1秒。今天上午就有四位客户专程从南城开了将近两个小时的车到我们店，就为了试试这款车。好车真的只有试了才知道。张先生，我现在就去给您安排一下试驾吧？

情景3：攻心为上

汽车销售人员：张先生，您如果担心试了车之后，我会缠着您非把这车买下来，那您可以绝对放心。我坚持请您试驾一下，是因为刚才听您聊起现在市面上比较热销的几款车时，您的观点和想法都很有深度，对汽车真的是非常内行。我们这款车今年刚推出来，说实话，我对它了解得还不够透。我想请您来试一下车，凭您对车的理解，肯定能让我更深地认识这款车。张先生，您就当是帮我一个忙，试驾一下，好吗？

汽车销售人员：张先生，俗话不是说嘛，"是骡子是马拉出来遛遛"，好还是不好，我说了不算，得您亲自体验一把才能看出来，您说对吧？您看，我们去您平时最常走的二环路上开一圈怎么样？

情景分析

客户如果对某款车有一定的兴趣，通常都会很乐意甚至主动要求进行试乘试驾，以求更进一步地体验汽车性能与品质。当客户看上去对车子比较中意，却不愿意参与试乘试驾时，那么汽车销售人员首先应该寻找原因，是客户有急事不方便试驾，还是对该车型根本没有意向，或者担心试车之后不买会遭到销售人员的纠缠甚至埋怨等，确认了客户拒绝试驾的缘由，才好对症下药。情景 2 中，销售人员是以汽车的卓越性能来吸引客户亲身体验；情景 3 中，销售人员则明明白白地告诉客户，试车不一定非要当场买车，但是只有试过车，才能知道这款车的优劣，这是一种攻心为上的策略。

😞 错误提醒

错误 1：客户拒绝试驾后，汽车销售人员无法保持冷静、理智、自然的心态，想到什么就说什么，例如：

"张先生，您为什么不肯试车呢？我们试驾又不收您的钱，连油钱都是店里付，您有什么好顾虑的啊？"

"张先生，我真搞不懂您为什么不想试车，不试就算了，我们还有很多客户花两三个小时专程过来试车呢！"

错误 2：客户拒绝试驾，汽车销售人员便放弃这个机会，没有第二次、第三次提出试车建议的勇气。

技 巧展示

邀请客户试乘试驾及应对拒绝的话术示例

"先生/女士，我们这款车自从今年面市以来，几乎每天都有五六拨客户来试驾，您看我们的预约表，都排到了一个月以后了，这不，下午两点还有一位姓赵的客户要来试车呢。现在我同事恰好带客户刚试完车，把试驾车开回来了，您看，要不我现在就安排您试驾吧？"（强调试驾的火爆，以及试驾机会的难得，给客户以从众心理暗示）

"先生/女士，一件衣服最光彩的时候不是摆在橱窗里，而是合体地穿在主人身上的那一刻，同样的，这款车最动人的时候也不是待在我们展台上，而是在您驾驶这款车穿梭于车流中的那一刻。您不想体验一下驾驶这款车的快感吗？"（强调试驾的美妙感觉，让客户怦然心动）

"先生/女士，刚才我为您做介绍的时候，我留意到您是很认真地在了解这款车，您问到了它的动力性、制动性，还有它在各种路况条件下的具体油耗。我想，您是真心喜欢这款车。了解这款车最好的方式就是试车，真正的好车，一定是通

过试驾才能看出来的。您看，我现在为您安排试驾，好吗?"（依据客户的表现，引导客户试驾）

情景 32　安抚不宜试驾客户的情绪

实 景再现

客户张先生来展厅是想为公司选一款商用车，他没有驾照，而且也缺乏驾驶经验，按照公司规定，是不能上路试驾的，但是，无论汽车销售人员如何解释，客户一再坚持要上路试一试，不让试的话就去别的店看车……

情景 1：晓之以理，动之以情

汽车销售人员：张先生，您想通过试驾来选一款好车，我非常理解。我们聊了这么久，我是诚心诚意把您当朋友了。既然您是我的朋友，那我不仅希望您能开开心心地在我们店选车，更有责任保证您的安全。我们这个店在闹市区，附近道路的车流、人流都非常多，即使是有十多年驾龄的老手，在这样的路况上行车也是有危险的。您如果信得过我，由我来驾车，带您去转一圈，好吗?

情景 2：巧为变通

汽车销售人员：张先生，一看您就是单位里的顶梁柱，平时还是别人为您开车的时候多吧? 您看这样好不好，我是我们店驾龄最长的员工，就让我来做一回您的司机，我们去环线上遛一圈好吗?

汽车销售人员：张先生，看来您对这款车真的非常喜欢。是这样，公司规定没有驾照的客户是不能上路试驾的，这是为了安全起见，您一看就是通情达理的人，我相信您肯定能理解这一点。我们这个展厅外的场地也很大的，有大半个足球场大小，您可以去那里试驾一番，怎么样?

情 景分析

通常来说，车行对于客户试驾是有条件限制的，例如有无驾照、有几年的驾龄、驾驶技术是否熟练等。有的客户可能不符合试驾条件，但又非常想试车。如果汽车销售人员不能安抚好这类客户的情绪，或者在可行范围内采取合适的变通方法，那么极有可能会失去这样的客户。大部分的客户都是讲道理的，汽车销售人员如果能够耐心地将店方不允许试驾的原因向对方解释清楚，是很有可能获得客户理解的。当然，如果客户能够放弃试驾，接受试乘邀请，或者只在内部的试车场地行驶，这也不失为变通的应对方法。

☹ 错误提醒

销售从根本上来说就是人与人的沟通，既然是沟通，汽车销售人员在拒绝此类客户试驾时的用语就不宜太死板，不能冷冰冰的，例如：

"我们店里有规定，没有驾照、没有驾驶经验是不允许试驾的，我不能违反公司的规定。"

"您不太会开车，怎么上路行驶啊！"

"您没有驾照，我也没有办法，不能试驾就是不能试驾。"

技 巧展示

选车、购车之前先进行试乘试驾几乎成为大部分客户的一种汽车消费习惯，但是，试驾也是有风险的，尤其是客户没有驾驶证或者缺少驾驶经验的时候，很可能会发生事故或意外。因此，汽车销售人员要严格遵守店面的相关规定，慎重考虑是否允许客户试驾以及在什么路况下试驾等。对于条件不符合但坚持要试车的客户，销售人员应该晓之以理，动之以情，耐心地劝服客户，或者采取可行的变通方法，既要让客户有体验的机会，又要保证行车的安全。

Chapter 4

第4章

异议：且商量且解决

- ◆ 你们的车不错，但太贵了
- ◆ 同样的车A店要便宜得多
- ◆ 同样的配置A车便宜多了
- ◆ 我诚心想买，你打点折吧
- ◆ 赠品我不要，直接抵现金
- ◆ 便宜3 000吧，不行就算了
- ◆ 老客户一点优惠都没有吗

- ◆ 我等你们降价后再来买
- ◆ 我要先和家人商量商量
- ◆ 我不着急买车再等等吧
- ◆ 你们品牌不是非常知名呀
- ◆ 我不太想购买国产品牌车
- ◆ 我不是非常喜欢这一款车
- ◆ 我朋友觉得这款车不太好

异议是客户在购买产品的过程中产生的不明白的、不认同的、有疑义的、有顾虑的意见。它存在于见面交谈、初步接触、产品介绍、试乘试驾以及销售促成等每一个环节。汽车销售人员如果能准确地辨别并妥善处理这些异议，就可以及时消除客户的疑虑与顾忌，增强其购买信心和欲望，最终促使客户做出购买决策。

汽车销售人员工作日志

我留意到客户很喜欢一款车，但我详细地介绍了一遍后，客户却说他不喜欢，我觉得他好像在隐瞒什么，怎样才能了解到客户的真实想法呢……

客户觉得我们的一款车价格太贵，另外一个品牌的同类配置的车要便宜八千多元，因此客户一直不停地砍价，这该怎么办呢……

客户很喜欢我推荐的车，但坚持要回家和家人商量一下，等下次带她先生一起来购买，有什么办法可以让客户当场就定下来吗……

我们公司几个月前出现了一次质量问题，虽然已经妥善解决了，但客户还是不放心，怕买下这辆车会出现同样的问题……

客户看好一款车，可是他的同伴却不赞成，一直在挑毛病，我该怎么办呢……

第1节　价格异议

情景33　你们的车不错，但太贵了

实 景再现

客户：我觉得，你们的车还不错，但是太贵了。

汽车销售人员：张先生，您为什么会觉得这一款车贵呢？（询问为什么）

客户：我来之前在网上查的价格比你刚才的报价要便宜 8 000 多元呢！

汽车销售人员：嗯，这种情况是有可能的。为了吸引客户，网上的报价通常都会比实际价格低。张先生，您会不会在网上买汽车呢？

客户：这……我会上网查查价格和配置，但是上网买车，我没考虑过。

汽车销售人员：是啊，网上购车虽然会便宜一点，但是质量与售后服务难以保障。汽车不比衣服鞋帽，它是大件、贵重的商品，网上即使报价再低，真正购买却不实际。您放心，现在汽车这一行的竞争非常激烈，信息也非常透明，价格上很难有水分。而且我们店是市内最大的经销商，给您的肯定是最优惠的价，这一点我非常有信心。我们经常会了解同行的汽车售价，我报给您的价格确实是最低的。您是企业老板，您的社交圈子大，而且交往的都是精英人士，我们不想和您做一锤子买卖，我们更希望您购车满意，能多介绍朋友来光顾，所以，在价格上报的都是实价。

客户：哦，是这样啊，我明白了。

情 景分析

客户在选车前，可以通过多种渠道获得汽车信息，如网络、4S 店、汽车城、亲友介绍等，因此，大多数走进展厅的客户都是有备而来，尤其是在价格上，他们一点也不含糊。当客户认为价格贵的时候，汽车销售人员首先应该弄清客户比较的是哪个渠道的价格，这样销售人员才可能给客户以合理可信的解释。

😞 错误提醒

错误1：汽车销售人员在价格上的第一原则是：坚决不让价。即使坚持到最后不得不让价，也要让客户感受到价格让步的来之不易，从而快速做出决策，并从中得到极大的满足。因此，在客户开始议价时，销售人员绝对不要轻易地做出让步。

客户：你们这款车不错，就是太贵了。

汽车销售人员：是吗？您觉得这款车多少钱合适呢？

客户：至少得降个三四千块钱吧。

汽车销售人员：您要是今天能买的话，我可以申请给您便宜三千块钱。

客户：哦，是吗？你看能便宜四千吗……

错误2：客户提出的优惠价格太高而无法接受时，销售人员不论是言语、神态还是动作上都不能有轻视的意思，否则会让客户敏感地发觉，从而引发争吵。

客户：你们这款车还行，就是价格太贵了。

汽车销售人员：那当然，我们这本来就是豪华车，价格肯定比一般车要贵。

客户：你的意思是说我买不起这款车了？

技 巧展示

技巧1：以静制动，后发制人

当客户提出质疑与异议的时候，很多汽车销售人员本能的做法就是立即辩解，例如，客户指出产品价格贵，销售人员就解释产品的优点与性能，力证产品不贵；客户指出产品质量不可靠，销售人员就拿出权威的检验报告来证明产品的质量可靠……事实上，辩解从本质上来说就带有对立和针锋相对的意味，所以，销售人员越辩解客户的疑虑可能会越深。

面对客户提出的异议，汽车销售人员不要急于辩解，应该表达理解和认同，引导客户畅所欲言，从中去发掘异议的来源、异议的具体内容，并寻找异议的解决方法，这就是"以静制动，后发制人"的策略。

技巧2：客户砍价的心理分析

汽车虽然已经开始走入千家万户，但对于多数家庭和个人来说，还是一种贵重商品。客户如果真的喜欢一款车型，愿意支付少则几万元多则几十万元、上百万元的车款，那么几千到几万元不等的优惠相对于购车花费来说，是很微不足道的，那么客户为什么还会嫌车贵，为什么还要频频砍价呢？从砍价这个行为当中，汽车销售人员可以深入了解客户的心理。

> **1. 砍价表明购买意向**
>
> 客户对价格越在意，砍价的态度越坚定，说明他们对车子越中意

> **2. 砍价是一种试探**
>
> 客户砍价很多时候是出于习惯性行为，或者只是为了探明底价，所以汽车销售人员对原价越坚持，客户越会相信价格是实在的，是没有多少降价空间的

> **3. 砍价是追求心理满足**
>
> 客户对来之不易的东西会更加珍惜，如果汽车销售人员拒不让价，只是在最后关头才给出一定优惠，客户会更加看重这种优惠，其心理满足感也就越强

> **4. 砍价不影响购买**
>
> 客户愿意花几万元到几十万元、上百万元不等的车款来买车，说明这款车能满足客户的某些关键需求，只要汽车销售人员紧扣这种需求，让客户感受到车子的价值与利益，客户是不会为了少许的优惠而放弃购车的，因此，只要销售人员紧扣住客户的需求，客户的砍价并不会影响其购买

可以说，客户砍价的心理是相当矛盾的：一方面，他们不希望销售人员让步，因为销售人员坚持不让步就说明价格实在、水分少；另一方面，他们又希望销售人员能让步，以求获得价格上的优惠和实际利益。因此，销售人员不用害怕因在价格上拒绝客户而影响销售，应该大胆地坚持自己的报价，不到客户"撤走"的最后关头，绝不轻易让步。

情景 34　同样的车 A 店要便宜得多

实 景再现

客户：就是这款车，连配置都一样的，我昨天去的那个 A 店，售价比你们要便宜 2 000 元呢。

汽车销售人员：张先生，我们这个品牌的车销量很不错，在市内确实有好几家经销商，您说的这个 A 店在什么地方呢？（试探真假）

客户：在××路那里。

汽车销售人员：哦，没错，那里是有一家店，我们店有两个同事就是刚从那里调过来的。他们的售价确实比我们要便宜一两千元。不知道在 A 店购车有没有什么优惠活动或者赠品呢？

客户：好像是送车膜和地胶。

汽车销售人员：张先生，如果今天您选中了一款车，您觉得在以后的一年时间里，上车险、洗车、保养这一块大概要花多少钱呢？

客户：少说也得三四千元吧。

汽车销售人员：对呀，您估算得没错。我们之所以比 A 店贵出 2 000 元，是因为我们会免费赠送您一年的车险、洗车服务和保养服务。我们通过对老车主、老客户做回访，了解到很多车在使用几年后出现问题，有很大一部分是因为第一年新车与主人没有很好地磨合。我们赠送您一年的洗车、保养服务，就是希望能及时了解您用车的情况，以便发现问题后可以及时帮您妥善处理，让您的爱车越用越好，越用越顺手。

客户：原来是这样的，我明白了。

汽车销售人员：如果您没有问题的话，今天就可以当场提车了……

情 景分析

俗话说"买的没有卖的精"，但事实上，客户可选择的车型和销售商相当多，信息渠道也非常多，因此，客户往往比销售人员更有耐性和定力。当客户搬出竞争产品或者竞争车行来压价时，沉不住气的往往是汽车销售人员。其实，客户能够走进展厅，并且细心地对比价格，就已经表明他们对这款车充满兴趣。如果汽车销售人员能够稳住情绪，巧妙地挖掘有关竞争者的信息，冷静地分析客户的心理，将自己与竞争者之间的差异体现出来，要说服客户是并不困难的。

错误提醒

汽车销售商一般都要遵守严格的价格体系，因此，同样的一款车在不同销售点价格悬殊的情况不大可能出现。很多时候客户只是习惯性地说"××店比你们的要便宜"，这种情况下，销售人员即使知道客户说的不是事实，也不能当面戳穿，让客户难堪，以免失去销售机会。

客户：就是这款车，连配置都一样的，我昨天去的那个A店，售价比你们要便宜2 000元呢。

汽车销售人员：怎么可能，A店和我们是一个级别的，我们两家的售价是一样的。我好几个朋友都在A店上班呢。您看要不我现在就打电话问问A店，要是他们真的比我们便宜2 000元，这款车我白送给您！

技 巧展示

技巧1：了解客户砍价的招式和方法

砍价几乎是汽车销售成交之前必须跨越的一道坎，要跨越这道坎，汽车销售人员必须先熟悉客户砍价的招式和方法。

客户砍价招式和方法	示例	销售人员应对方法
习惯性砍价 不分青红皂白，直截了当地砍价	"能便宜点不""便宜两千可以吗""抹掉零头，12万元行吗"等	坚持，坚持，再坚持，不到最后关头不要让价
竞品压制法 搬出竞争对手，横向对比，给销售人员施加压力	"那家店的车型跟你们这儿的差不多，价钱可便宜多了""你们××分店要便宜一千块呢""对面店的汽车品牌比你们还有名，都没你们卖得贵"等	提炼己方相对于竞争者的独特卖点
障碍设置法 强调客观问题或者困难，为成交设置障碍	"我卡上就12万，你们便宜两千卖我吧""我是老顾客，你们也不打折吗""我跟你们经理很熟的，你们给我一个实在价"等	原则上不轻易让步，特殊情况下可以适当让步
挑剔法 鸡蛋里挑骨头，不断指出汽车的某些不足，以贬低产品来压低价格	"你们这款车外型也不怎么样，有点土气，价钱便宜点吧""我不怎么喜欢这款车的内饰，太简单了，没有档次，你降点价我或许会考虑买下"等	忽视次要的缺点，紧扣客户的核心需求，围绕核心需求强调产品利益和价值

例如，在上文的情景中，客户搬出 A 店来，就是使用了竞品压制法，给销售人员施加心理压力。

技巧 2：知己知彼，百战百胜

在激烈的汽车销售竞争环境中，汽车销售人员能否顺利地把汽车销售出去，不仅取决于客户的认同，更取决于自己的产品和服务在与竞争对手的比拼中能不能获得胜利。因此，销售人员光熟悉自己的产品和服务还远远不够，也要全面了解竞争对手。

汽车销售人员了解对手可以从三个方面入手。

竞争对手	企业规模、品牌、形象、口碑、经营水平、经营方式等，产品名称、类型、价格、质量、优势、劣势、成本、客户类别、销售渠道、用户评价等	同一市场内的竞争品牌有哪些 经销商的分布情况如何 共有多少个经销商 其他经销商与本店的服务有什么差别 其他经销商店内产品的价格体系如何 客户对竞争企业的评价和反映如何 竞争企业有哪些突出的销售人员 这些销售人员是如何进行销售的
竞争程度	市场占有率、营销策略、促销方案	
竞争销售人员	推销方法、客户关系	

情景 35　同样的配置 A 车便宜多了

实 景再现

情景 1：

客户：跟你说实话，我一直在你们这款车和 A 车之间犹豫。这两款车配置差不多，但 A 车比你们家的车要便宜五六千块钱呢。

汽车销售人员：张先生，您说得没错，我们这款车的确比 A 车要贵出五六千块钱。（充满信心地回答，保持几秒钟停顿，引起客户好奇之后再接着解释）

汽车销售人员：选购我们这款车的客户有30%都和您一样，会拿A车来做比较，确实，两款车在配置上看起来很相似，但事实上是有很大差别的。您看，A车是单气囊，副驾驶座是没有安全气囊的，可是作为家庭用车，坐在副驾驶座上的乘客往往是老婆或孩子，他们的安全是非常重要的，因此我们这款车配备的是双气囊。还有，我们这款车比A车多了倒车雷达、氙气大灯和电动车窗，这些配置不仅非常实用，而且也提升了整款车的品位和档次，您说对不对？

客户：哦，我之前真没注意这些配置呢……

情景2：

客户：你们这款车和A车配置差不多，但是价钱却贵出四五千块钱，为什么呀？

汽车销售人员：张先生，我们很多客户在购买这款车之前都会拿A车来做比较，但是只要往长远想一想，他们都发现，其实与A车相比，我们这款车要更便宜一些。

客户：为什么这么说呢？

汽车销售人员：您看，我们在车子的售价上确实比A车要贵出四五千元，但是汽车这种商品很特殊啊，不仅买车要花钱，养车也是要花钱的，甚至养车可能要比买车更加费钱，您说是不是这样？我们这款车在国内的累计销量突破了50万辆，无论是零配件价格，还是维修保养的收费都很低。在市内，您开车不需要超过一刻钟肯定就能找到一家我们正规的维修点，非常方便。A车在国内销量不太高，很多零配件需要从国外进口，费用不便宜。就拿更换一个小小的汽油滤芯来说，A车需要500多元，我们这款车只要68元。您对汽车行业也非常了解，只要去维修点走一走，肯定能发现其中的差距的。

客户：哦，你这么说也是有道理的。

汽车销售人员：我是觉得，没有最好的车，只有最适合自己的车，选车既要选买得起的，更要选养得起的，经济性才是硬道理，您说呢？

客户：确实是这样的。

汽车销售人员：您看，要不，我领您去看看现车吧……

情景分析

汽车行业竞争非常激烈，在同一价位区间、同一配置级别上，通常都会有多个品牌、多种车型供客户进行选择。客户在考察、对比了几个品牌或者几款车型后，往往会犹豫不决，不知道如何选择，这种情况下，汽车销售人员一方面必须对自己所代表的品牌和产品有充分的自信和自豪，这是一种气势，这种气势会影响客户的态度与偏向；另一方面，销售人员要向客户阐述己方产品相对于竞争产品的独特优势。一般来说，在价位相差无几的情况下，客户更可能选择最适合自己的车型，而不一定是较为便宜的车型。

😟 错误提醒

汽车销售人员绝对不要没有根据地诋毁、攻击竞争对手，在向客户解释对手产品的弱点与不足时，要客观公正，有凭有据。

汽车销售人员：A品牌是不知名的小品牌，而我们是世界知名品牌，两者的价位自然不是一个级别的。

汽车销售人员：A品牌车是比我们便宜，可是它们的质量也要比我们的车差一大截呀。您没听说最近A品牌的车老出交通事故吗？

技 巧展示

提炼汽车产品的独特卖点

汽车市场的激烈竞争让客户有了广泛的选择范围和选择权利。在同一价位，同一配置水平，往往会有数十种车型供客户选择。因此，汽车销售人员要想让自己的产品脱颖而出，完全吸引住客户，就必须紧扣住客户的需求，强调出产品或者服务的独特卖点，让客户感受到这款车是最独特的、是最适合自己的，这样，销售人员才有取胜的希望。

提炼独特卖点的一个宗旨就是人无我有，人有我优，人优我转：竞争对手没有的优势，我有；竞争对手有的优势，我能做得更好；竞争对手在这方面做得很好，我在另一方面做得更好。按照这样的宗旨，汽车销售人员可以从这几个方面去提炼产品的独特卖点。

独特卖点	示例
卓越的品质	这一款车是以品质卓越而著称的，它在NCAP测试中取得了五星的成绩，您可以感受一下车身钢板的厚度，还有车窗车门的边边角角，这些细节最能体现一款车的品质了

（续表）

独特卖点	示例
优越的性价比	这款车被媒体评价为 A 级车的价格、B 级车的价值，您看，在同价格的所有车型中，它的车身和轴距几乎是最长的，内部空间是最舒适的，装配也是最全面的
著名的品牌	我们这个品牌有着悠久的历史，同时也是最早进入国内市场的汽车品牌之一
完善的售后服务	我们在本市有 15 个售后服务中心，基本上您开车不超过 20 分钟就能看到一个我们的服务点，以后您用车、修车、养护车都会很方便的
商品的特殊利益	我们这款车是从国外进口的，在国内总共不超过 ×× 辆
……	……

情景 36 我诚心想买，你打点折吧

实 景再现

客户：我是诚心想买这款车，都跑了两次了，你不能再打点折吗？

汽车销售人员：您觉得再便宜多少合适呢？（试探客户的底价）

客户：我去过好几家店，他们都是 9.6 折，你要是也给 9.6 折，我就买。

汽车销售人员：张先生，如果抛开折扣不提，您觉得这款车最吸引您的地方在哪里呢？（回归客户的需求）

客户：这还用说嘛，这款车是出了名的"小钢炮"，你们 1.4TSI 的动力甚至可以超越很多 2.0 排量的车型。我想，很多人都是奔着这一点才来买它的吧。

汽车销售人员：张先生，看来您对汽车还真不是一般的了解呀。您说得一点不错，这款车的发动机排量虽然只有 1.4L，但是在先进的燃油直喷系统和涡轮增压的帮助下，它的最大功率可以达到 96kW/5 000rpm，最大扭矩输出达到 220N·m，而且可以在 1 750~3 500 转/分钟的转速范围内保持持续输出。试驾的时候您也一定感受到了，驾驶它在路上行驶，回头率几乎就是百分之百。您还记得中途我们停

车休息的时候，还有好几位车主也停下车，一个劲地问您驾车的感觉吧？（突出汽车主要卖点，强调产品利益价值）

客户：呵呵，是呀，我以前也不相信小排量的中级车开起来能这么带劲，这款车确实只有试驾一番，才能体验出它的不一样。

汽车销售人员：张先生，您想，如果这款车今天打9.8折，明天打9.6折，后天打9.5折，这样的车您还敢买吗？它的质量和档次您还敢信吗？

客户：这……

汽车销售人员：这款车即使打9.6折，也不过是便宜3 000～4 000元，我知道，您在乎的不是这三四千块钱，您关心的是我给您的报价是不是实在的，以后我们会不会再打折、再降价，对吧？

客户：嗯，没错啊。

汽车销售人员：张先生，您放心，我可以向您保证，我给您的报价确实是底价，三个月内，如果您了解到哪位客户是以更低的价格买的这款车，我愿意自掏腰包补偿您的差价，您觉得怎么样？

客户：呵呵，这个倒不必了，我相信你。

汽车销售人员：谢谢！张先生，我们现在有两辆现车，我带您去看看？

情景分析

在客户要求折扣或者优惠时，汽车销售人员先不必忙于思考如何应对，而应该先确认客户对车型的满意程度如何。如果客户非常喜欢某款车型，那么几千元的优惠对客户的购买决策并不具有关键性的影响作用。客户越喜欢一款车，他们手中的谈判筹码就越少，价格上的砍价空间也越小。在上文的情景中，销售人员首先试探客户理想的"底价"以及对汽车的喜爱程度，在此基础上，一方面重点阐述汽车优越的动力性能，强调利益与价值，另一方面强调价格的真实性，并诚恳地做出"补偿差价"的承诺，让客户可以放心地做出购买决定。

错误提醒

错误1：客户要求价格优惠时，即使确实没有降价的空间和余地，汽车销售人员也要委婉地拒绝客户，不能冷冰冰、硬邦邦地回绝。

汽车销售人员：不行，价格一点都不能降了，就是这个价，12.3万元！

汽车销售人员：这款车不打折！

　　错误 2：客户在砍价时常用的一个策略就是刻意表现出强烈的购买欲，然后要求降价，例如"我很喜欢这款车，你要是降 2 000 元我马上买""我跑了好几回了，你打个折，我今天就提车""我看中了你们这款车，还有 A 店的一款，哪家便宜一点我就在哪家买"等。这样强烈的购买信号很容易让销售人员兴奋、激动，认为成交在望，所以爽快地把底价或者折扣报给客户，而很多客户在得到底价或优惠后未必会购买，还很有可能提出新的价格要求。

　　客户：你们这款车真的很不错，能打 9.6 折吗？我钱都带在身上，要是可以，我今天就能定下来。

　　汽车销售人员：真的吗？您今天能定的话，那 9.6 折没问题。

　　客户：呵呵，我跟你说实话吧，我上午去了 A 店，他们可以给到 9.5 折呢。你们的价格跟他们应该差不多吧，你看 9.5 折行吗？

技 巧展示

技巧 1：注意价格谈判的时机和对象

　　价格谈判不能太早进行，如果客户初次到访销售人员就急急忙忙给出了最低价，这样做的意义不大，而且很容易为后续的洽谈带来麻烦，客户会拿这个最低价作为下次讨价还价的"起步价"，所以说价格谈判是讲究时机的。此外，价格谈判还要讲究对象，例如与销售人员相处友好、相谈甚欢的客户；能主动叫出销售人员名字的客户；确定好中意的汽车车型的客户；已经商谈到选车身颜色、交车期、上牌等细节问题的客户；试车体验非常满意的客户；已经在着手旧车处理的客户等。这类客户已经基本明确了购买意向，只剩下价格这个最后的障碍，当他们发起价格谈判时，销售人员可以直接"应战"，不用逃避躲闪。

技巧 2：价格谈判的注意事项

　　客户越来越专业化，越来越成熟，汽车销售人员在进行价格谈判时要注意以下几点。

　　1. 客户如果没有做出当场签单预订的承诺，销售人员不可进行实质性的价格谈判。

　　许多成熟、有经验的客户经常会一本正经地与销售人员砍价，当销售人员暴露底价后，客户再拿着这个底价去压其他经销商的价格。所以，销售人员在没有得到客户承诺之前，只需要报一个比较合理的价格即可，不要把底价报出来。

　　2. 客户提及其他竞争对手的价格时，销售人员一定要把这个报价问明白。

通过客户可以了解竞争对手的价格底牌，这在以后接待其他客户时是可以派上用场的。

3. 引导客户从价格回归价值。

很多客户在砍价时，其实是处于本末倒置的盲目状态的，他们忽视了长远的产品价值利益，而咬定小幅的价格优惠，因此，汽车销售人员可以引导客户从价格回归价值，只要客户能清醒地认识到产品的价值，销售人员再适当地给予小幅的让步，客户一般都会认可并接受。

4. 价格谈判应在安静的环境下安静地进行。

最后的讨价还价最好在安静的环境下进行，一是为了避免谈价被打断，二是为了保证讨价还价不会影响到现场其他客户。

5. 谈判归谈判，谈判不是战争，不要伤感情。

不少汽车销售人员都遇到过这样的情况，双方始终在价格上未形成统一，于是双方争个脸红脖子粗，最后导致销售失败。即使价格谈不拢，汽车销售人员也不能和客户闹僵，这样是极不理智的。

情景37　赠品我不要，直接抵现金

实景再现

情景1：情感套近

客户：你刚才说，买这款车的话，就赠送价值3 800元的赠品，是吧？我听朋友说，一般买车赠送的东西都是劣质品，不好用。我不要赠品，这3 800元，就直接抵车款吧。

汽车销售人员：张先生，我理解您的想法。您两次过来都是我接待的，一回生，二回熟，我已经拿您当朋友了。如果这些赠品可以抵车款，我肯定早就给您折换了。这款车的价格很透明，在其他的店售价也是差不多的。我给您报的是最优惠的价格。这价值3 800元的赠品本来是买中级车才会赠送的，我是觉得和您很投缘，所以特地跟店里申请来的。这些赠品确实非常实用，而且都是市场上不错的品牌产品，质量上绝对有保证，所以我才申请一份给您的。

情景 2：强调赠品价值

客户：赠品我不要了，都是劣质品，没多大价值，你给我直接抵现金吧。

汽车销售人员：张先生，您的心情我理解。现在确实有一些店的赠品存在质量问题，或者是不实用，所以您觉得不放心，宁愿不要，是吗？

客户：是呀，我很多朋友买车都吃过赠品的亏。

汽车销售人员：您放心，我们这几样赠品绝对不会让您失望：第一，它们实用，您是懂车的人，GPS 和倒车雷达，还有贴膜，这些实不实用您肯定是清楚的；第二，它们都是市面上不错的品牌，是我们为这款车精心挑选出来的。您看，在我们店里这些赠品可都是明码标价销售的；第三，我们对这些赠品的质量有信心，如果出现问题，店里负责调换或者维修。我们这个店在这里经营五年了，有 40% 的老客户都是在我们这里买第二款车。我们是不会在赠品上坑客户的，您放心吧。

情景分析

现在几乎每一家汽车销售商对购车的客户都会送出价值不等的赠品礼包，例如防盗器、挡泥板、脚垫、地胶、座椅套、贴膜、香水、导航、车险、汽车保养服务等，这些确实是客户在购车之后很可能购买或者必须购买的产品。但是，这类赠品很大一部分在质量上没有保证，在真实价格上不太透明，在售后上就更缺乏保障，因此，很多消费者对赠品都有抗拒心理，他们更愿意将赠品折换成实际的现金或折扣。也就是说，客户之所以拒绝赠品，在很大程度上是因为看不到赠品的实用价值与意义。汽车销售人员如果能够向客户讲明赠品的价格、价值、用途以及售后保障，并委婉地说明"赠品抵现金"是不可行的，那么大多数客户是能够接受赠品方案的。

错误提醒

错误 1：要想让客户重视赠品、喜欢赠品，汽车销售人员首先就要摆正自身对赠品的认识，不能看轻赠品。

汽车销售人员：今天买车我们店里会送您一份价值 3 800 元的赠品。

客户：都是什么赠品啊？

汽车销售人员：也没什么，就是汽车常用的地胶、脚垫、座椅套这一类东西。

客户：听你这么说，看来赠品也不怎么样嘛，那我不要了，抵现金吧。

错误 2：汽车销售人员说话要讲求方法技巧，像以下的几种应对就过于生硬，很容易破坏客户的情绪，失去即将到手的成交机会。

汽车销售人员：赠品您不想要就算了，但是折换成车款是不可以的。

汽车销售人员：赠品是我们店送的，汽车售价是厂商限定的，价格上我们不能降了，赠品您喜欢就要，不喜欢也可以不要。

汽车销售人员：赠品反正是送的，您不要白不要啊。

技 巧展示

赠品是汽车销售商常用的促销方法，但是赠品价格不透明，有的赠品的质量很难保证，越来越精明的客户自然希望得到更实惠的现金或折扣。其实，怎么送出赠品也是有技巧的，只要送得巧、送得好，客户还是比较乐意接受的。下面是几种巧送赠品的方法。

巧送赠品的方法	具体含义	示例
先渲染价值再送出赠品	先向客户详细介绍赠品的价值和利益，勾起客户的兴趣与喜爱后再送出赠品	您有没有算过买车后的一年里，您洗车、保养、上车险，大概得花多少钱呢？如果我们来为您承担这笔费用，您觉得划算吗？这就是我们送您的礼物——包含了一年的车险、洗车、保养服务的大礼包
先卖出车再送赠品	客户对赠品不是太关注的情况下，销售人员可以先专心销售汽车，等销售达成后再送出赠品，让客户有额外的"惊喜"	谢谢您选择我们的汽车！每天我们店里第一位购车的客户都可以得到一份大礼包，您恰好是今天第一位购车的客户，我们的大礼包包括车载冰箱、导航以及全套的坐垫、靠垫和脚垫
先劣后优送赠品	先送出价值不大的赠品，再送出实用的、有价值的赠品	我们店里送出的大礼包有防盗器、座椅套和防爆贴膜，价值 1 588 元 先生/女士，您今天如果能够订车的话，我可以帮您申请一个特别实用的大礼包——价值 2 000 元的油卡

（续表）

巧送赠品的方法	具体含义	示例
先少后多送赠品	先送出一部分赠品，等到成交进入关键时刻，或者已经成交后再送出其余的赠品	先生/女士，这几天我们会赠送购车的客户一份礼包，包括香水、脚垫、座椅套，还有防爆贴膜。 先生/女士，陪您选车我觉得真的从您身上学到了不少东西，能力长进了不少，我刚跟经理特别申请了一份礼物送给您——价值1 000元的油卡，祝您以后用车愉快

情景38　便宜3000元吧，不行就算了

实景再现

客户：你看，能不能便宜3 000元啊？要是可以，我就提车，要是不行，那就算了。

汽车销售人员：便宜3 000元呀！张先生，现在汽车的价格非常透明，没多少水分，我们平时卖一辆车的利润再高，也不超过2 000元呢。（表演法）

客户：便宜3 000元，刚好12万元。

汽车销售人员：这我真的做不了主，我能报的最低价就是12.3万元。价格要再低，就只能求我们经理批了。

客户：那你去找你们经理说说呀。

汽车销售人员：我还真不敢。如果我找了经理，您又不买了，经理肯定会认为我没能力，会狠狠批评我的。（让客户做出购买承诺）

客户：你放心，只要能优惠一点，我肯定买。

汽车销售人员：那好吧，张先生，我去找经理求求情，能争取多少优惠我尽量争取，如果实在争取不下来，您别怪我呀。

（销售人员离开，十分钟后沮丧地回到展厅）

汽车销售人员：张先生，您看，我说什么来着，经理真的狠狠批了我一通，说我每次都不记底价。我没办法，只好说您是我表兄，好歹要便宜一点，磨了半天嘴皮子，经理总算松口了，给您底价，12.1万元。您也考察了好几个店，这个价格是不是最低价您心里肯定也有数，再低我们真就要亏本了。（红白脸）

客户：不能再便宜1000元吗？凑个12万元的整数多好啊。

汽车销售人员：张先生，我知道1000元对您来说不算什么，您主要还是怕买贵了，对吧？跟您接触这么久，觉得很投缘，我是真拿您当朋友了。跟您说心里话，这确实是我们的最低价。如果您觉得价格还是高了些，我可以帮您做个参谋，陪您去别的店看看，就算做不成客户，能和您交个朋友我觉得也很值得。（摊底牌）

客户：呵呵，好吧，那就12.1万元吧。

情景分析

在汽车销售过程中，砍价、议价就好比是拉锯战，买卖双方都希望能以各自最理想的价格成交。在保证企业利润最大化的前提下，如何说动客户接受自己的报价是每一位汽车销售人员的必修课。在上文的情景中，汽车销售人员在议价时，就充分运用了多种价格谈判的方法和技巧，例如表演法、红白脸法、摊底牌法等，让客户觉得自己"砍"到了商家的价格底线，颇有成就感，从而痛快地接受销售人员的最终报价。

错误提醒

"能不能降价，不能降就算了"——这是客户以强势姿态砍价的杀手锏，而汽车销售人员为了留住客户，往往轻易就向客户"缴械投降"，这在气势上就处在了下风，在价格谈判上就更难掌握主动权了。

客户：便宜3000元卖不卖，不卖就算了。

汽车销售人员：张先生，便宜3000元的话我们就亏大本了。您行行好，少砍一点，至少别让我们亏本吧。

客户：不行那就算了。

汽车销售人员：好好好，张先生，就依您吧……

技 巧展示

技巧 1：价格异议的处理方法

"兵来将挡，水来土掩"，很大一部分客户都喜欢不厌其烦地砍价，那么，汽车销售人员为了达成交易，也必须练就各种灵活应对客户砍价的方法和技巧。常见的几种价格异议的处理方法如下表所示。

应对方法	具体含义	价格异议处理示例
表演法	客户砍价总是希望能砍到底线，砍得越狠越有成就感，因此，要让客户停止砍价，销售人员可以逼真地表现出惊讶、无奈、不情愿甚至是愤怒的情绪，这样客户会"以为"已经砍到了底线，从而放弃继续砍价	什么？您说便宜 3 000 元啊？先生/女士，您这价砍得太狠了，这比我们成本价还低呀，这个价我实在没办法了。最低就是 12.5 万元了，您要不信，我可以带您去别的店看看，没有一家会低于这个价的
激将法	适度地刺激客户，让他们能够果断、快速地做出决定	先生/女士，这价位对其他人来说可能贵一点，可是对您这样的企业家来说，根本算不上什么的，不是吗
利益阐述法	重点重述汽车产品与服务的主要优势，强调利益与价值，让客户能有更清醒的认识	先生/女士，您刚才也试驾过了，这款车的内饰精美豪华，安全配置和动力性能都相当不错，无论是前排、后排还是后备箱，都有很宽敞的空间。这样的一款车作为商务车再合适不过了。前天××公司一连买了四辆，我们也只打了 9.6 折呢
价格分解法	将车款平摊到每一年、每一天，化大价格为小价格，缓解总的车款给客户的压力	先生/女士，其实您换个角度想想，这款车就一点也不贵了。您看，12 万元的车，就算只用六年，每年也才 20 000 元，一天也就 50 多元（也可以按公里数平摊）

（续表）

应对方法	具体含义	价格异议处理示例
落差法	当客户抱怨某款中意的车太贵时，汽车销售人员可以转而介绍另一款便宜一些的车，让客户亲自体会其中的区别	先生/女士，您看这一款车，虽然外型上要比您刚才看中的那款普通很多，而且安全配置上也不大齐全，但是它售价要低将近 30 000 元呢，您觉得这两款车哪款更好一些呢
红白脸法	与同事或者领导配合，让他们唱白脸，坚守原则不让价，销售人员唱红脸，帮客户说情，全力争取最优惠的价格。客户看到销售人员之间起争执，往往会觉得价格比较实在，从而不再砍价。如果没有可以配合的同事，销售人员也可以自己唱红脸，虚拟一个白脸	先生/女士，这个价格确实是我们的成本价了。我刚去问经理能不能再便宜点，经理都骂我不长记性，连成本价都记不住。价格上我实在没办法了，但是我和您比较投缘，您看这样好吧，我自己做主送您一个礼包——500 元的加油卡。您看这样可以吧
摊牌法	当客户得到让步和优惠后仍然频频砍价时，销售人员可以使出最后一招，跟客户摊底牌，让客户适可而止	先生/女士，我和您接触这么几次，真的把您当朋友了。这确实是我们店的最低价格了，如果您觉得还是偏高了一些，我可以专程陪您去别的店看看别的车型，帮您砍砍价、把把关，就算做不成客户，能和您交个朋友我觉得也很值得

技巧2：如何让步最有效

汽车销售人员是店方与客户之间的平衡者，既要照顾到客户的要求，更要考虑到企业的利润。销售人员每做一次让步，都会直接影响到店方的利益。怎样让步才能既最大化地保证店方利益，同时又能提升客户对折让结果的满意度呢？汽车销售人员应注意以下几点。

1. 价格谈判的第一条原则就是绝对不轻易让价、让步，绝对不能有以底价能够成交就成交的消极态度。与客户砍价、议价是最能提升汽车销售人员工作能力的途径之一。

2. 汽车销售人员的每一次让步都要有合理的理由，不能"爽快"地让步，例如，汽车销售人员可以这样说：

"先生/女士，您来了好几次了，每一次都是我接待的，跟您也很熟了，您信任我，我也不能扫您的兴。现在我能给的折扣和优惠我可真的全给您了。您要求再降一千真的是不可能。这样吧，您稍等一下，我去请示一下经理，看能不能把VIP客户的赠品送您一份，您看行吗？"

"先生/女士，您要是不信，可以打电话问问我们这几天签单的几位客户，他们买车的最大折扣也是9.8折。您来了三次了，我觉得您是真的很喜欢这款车，我们经理说，特事特办，给您再便宜500元，您看这样可以吧？"

3. 让步要一步步让，先给出较大幅度的让步，然后再给较小幅度的优惠，如果客户一而再再而三地要求更大优惠，汽车销售人员必须表明态度：让步已到极限，绝对不可能再低了，这样才可能遏止客户继续砍价，例如：

"先生/女士，我刚跟经理申请了半天，说您是我的亲戚，好歹再降一点，经理总算点头了，给您再优惠500元，在9.6折的基础上又优惠500元，这样的价格我们经理以前可真的没有批准过。您看行吧？"

"先生/女士，我理解您，您对价格这么在乎，是因为您真的挺喜欢这款车。我们经理说了，您以后多为我们推荐几个朋友来买车，我们价格上虽然让到底了，但我们可以赠送您一年的洗车和保养服务，这真的是我们能做的最大让步了，如果您觉得还是高了一些，那也没关系，我们做不成买卖，还是可以做朋友的嘛，您说呢？"

情景39 老客户一点优惠都没有吗

实 景再现

客户：我现在开的这辆车就是三年前在你们店买的，怎么说也是老客户了，你们一点优惠都不给吗？

汽车销售人员：张先生，我们这个店就是三年前成立的，这么说来您是我们的第一批客户呀，都怪我一开始没有问清楚，差点怠慢了您。我们经理常说，现在这个店能在三年里成长为全市销量第一的店，最应该感谢第一批客户的信任和支持呢。

客户：呵呵，那你给我什么优惠啊？

汽车销售人员：您是老客户，肯定知道我们店的定价是透明价格、不要花样的，您看中的这款车在其他店的售价应该是在18.7万到19万元之间，我们店的价格是18.6万元。对这个价格，我们很有信心，相信您只要考察过几家店就能判断出这个定价透不透明了。当然了，您是老客户，光给您一个实在的价格是不够的，您看，那是我们新上市的车型，售价25.8万元，买那款车的客户可以获得一个"贵宾大礼包"，买其他车是没有这个优惠的。今天经理不在，我就做回主，也送您一份这个价值5 000元的"大礼包"，它包括一年的车险、一年的免费保养，还有一年的免费洗车服务。我想，经理回来，知道我这样做，也一定会赞同的。您觉得呢？

客户：呵呵，我就知道来你们店买车准没错。

汽车销售人员：张先生，短短三年，您就从微型车换上了中型车，可见这三年您发展得非常好，我相信，再过一个三年，您的事业一定会有更好的发展，您也一定会换更加高级的"座驾"的。

客户：要真是那样，我还来你们店选车呀。

情 景分析

老客户对任何一家汽车销售商来说都是极为宝贵的财富和资源。一位老客户再度上门购车，不仅代表着其对这家销售商的认可与信任，对其他新客户而言更有着积极的影响。汽车销售人员接待老客户时，应该像对待老朋友一样亲切热情，无论是在称呼上还是待客方式，甚至是优惠折扣上，都可以有一些区别对待，让老客户感受到他们是店里最尊贵的客人，给客户一种心理优越感。老客户如果能有一个满意的二次购买体验，是很容易发展成为忠实客户的。

错误提醒

错误1：汽车销售人员对待老客户不能像接待普通客户一样，否则，老客户心理上会很失望、很失落，甚至会转向其他的店。

客户：我可是你们的老客户了，我第一款车还是在你们这儿买的呢。

汽车销售人员：哦。

客户：老客户不能优惠一点吗？

汽车销售人员：我们这款车都是统一价。

客户：那算了，我去别的店看看……

错误 2：在实际销售中，不排除会有一些自称"老客户"，以便拿到更低价格或者更多优惠的客户，这种情况下，汽车销售人员即使识破了也不应该当面戳破，不妨将这样的新客户当老客户一样优待，只要客户购车满意，他们自然就成为了优质的老客户。

客户：我可是你们的老客户了，我四年前还在你们这儿买过车呢。

汽车销售人员：是吗？不大可能吧？我们这家店才开了三年半呀。您肯定是记错了。

客户：……（尴尬）

技 巧展示

老客户一般都是二次购车甚至是多次购车，虽然他们也会砍上一番价，但事实上，价格对大部分老客户来说已经不成太大的问题。他们与其说是想得到价格上的让步，不如说是想体验一番尊贵与优越。老客户希望销售人员能记得他们的名字，希望销售人员能像接待老朋友一样亲切热情，希望自己能成为店里最尊贵的客人。

汽车销售人员在接待老客户时，要充分照顾到对方的心理，在接待规格和交谈方式上要更人性化一些，让老客户能产生心理优越感。如果老客户一再要求在价格折扣上获取实质利益，销售人员应该妥善处理，给予适当的优惠与优待。

情景 40　我等你们降价后再来买

实 景再现

客户：我都来你们店两回了，这款车还是一点折扣都没有，我再等等，你们什么时候降价打折，我什么时候过来买。

汽车销售人员：张先生，如果这款车有一天真的降价打折了，我一定不会劝您买。（引发客户好奇）

客户：为什么啊？

汽车销售人员：这款车是我们最经典的车型，上市以来累计销量已经突破了80万辆。我销售这款车型四年了，除了店里推出的优惠活动，我从没见过它降价或者打折，说它是我们价格最稳定的车型可是一点都不夸张。它是二手车市场保值率排名第一的车型。很多客户买它就是看准了它保值率高，轻易不贬值。如果有一天这款车降价打折了，那有可能是快停产了，我肯定不会劝您买。

客户：唔……

汽车销售人员：张先生，可以这么说，现在市面上质量最稳定、最耐用、最保值的就是这款车，以您的年龄和职业，将来您肯定会有大发展，三两年之后换车是必然的，而这款车，您用的时候可以体验到它最稳定的性能和质量，您更换它的时候，也可以以最小的损失顺利脱手，拥有这样的车，您一定不会后悔的。

客户：听你这么一分析，确实挺有道理的。

汽车销售人员：早买可以早享用，我相信在您的生活和工作中，一定需要这么一款"座驾"，是吧？您看，我们去看看现车好吧？

情 景分析

在房子、汽车这类贵重商品、大件商品消费中，"持币观望"是一种很常见的消费者心态，尤其是在频繁的降价和促销面前，客户往往都抱着这样的心理：现在正在降价或促销的车型，过一阵可能会有更大幅度的优惠；现在没有任何优惠的车型，在一段时间后可能会有降价或者促销活动。对这些客户，汽车销售人员在强调汽车产品的价值和利益的基础上，还要明确地告知客户该款车型不会轻易降价，而且，早购买可以早享受。

错误提醒

汽车销售人员的自信在客户看来就代表着汽车产品的品质。销售人员越自信，客户会认为这款车越可信，所以，汽车销售人员绝对不要低声下气求客户购买，否则会彻底动摇客户对产品的信心。

客户：我再等等，你们什么时候降价打折，我再来买。

汽车销售人员：张先生，您要是喜欢这款车的话，还不如今天买呢。

客户：为什么？

汽车销售人员：我刚入行没多久，您买这款车对我很重要的。

客户：那我也不买这么贵的车……

技 巧展示

当客户抱有"持币观望"的心态时，销售人员关键的任务就是寻找客户的"软肋"，不断地刺激对方的购买欲望。例如，对一位讲究时髦个性的年轻人，可以说"这款车的价格是非常实在的，要是有一天打折了，购买它的人也就多了，您希望每天出门都看到一大帮人跟您开着一模一样的车吗？年轻，就应该引领潮流嘛。"对一位很看重优惠与折扣的客户，可以说"现在这款车正是销售旺季，所以优惠特别丰厚，以后这款车如果降价了，最多也就是降一两千，但是赠品肯定没有现在的这么实用、这么好，这样算下来，其实车子打折了，实际上还是吃亏了，您说是吗？"不同的客户有不同的"软肋"，汽车销售人员也要因人而异地采取不同的刺激方法。

第 2 节　时间异议

情景 41　我要先和家人商量商量

实 景再现

客户：买车也不是小事，十多万元呢，我要先和家人商量商量。

汽车销售人员：张先生，是不是我们这款车您不太满意啊？

客户：不是，不是，我都试了两回车了，它给我的感觉非常好。我就是想听听家里人的意见。

汽车销售人员：确实，买车要花钱，养车也需要花钱，而且车子也是要与家人一起使用的，家人的参与确实很重要。张先生，您这样细心顾及全家人的感受，您的家庭一定很幸福。

客户：呵呵，还可以。

汽车销售人员：张先生，我有个小故事，不知道您想不想听呢？我对小时候的事情印象不深，但是有一件事记得特别清楚，五六岁的时候吧，我爸瞒着家人买了一台电视机，用大红的包装纸盖着，摆在桌子上，蒙着我的眼睛让我打开包装，当我看到电视机的时候，我乐得整整两天没心思吃饭，直到现在我还记得当初又惊又喜的心情。我觉得，如果您真的喜欢这辆车，那么您的妻子和孩子也一定会喜欢的，为什么不给他们一个惊喜呢？后天就是周末，您想，当您蒙着孩子的眼睛，将他抱到副驾驶座上，再放开手让孩子看到这款帅气的车时，他该有多么兴奋啊！我相信，就算他到我这个年纪时，也还会记得第一次看到这款车时的情景。

客户：呵呵，是呀，我爸当年买回第一台电视的时候，我也跟你是一样的心情。你这个点子好，就这么办吧，给孩子一个惊喜。

汽车销售人员：那您看，选什么颜色呢？您孩子最喜欢哪种颜色呢？

情景分析

"我要和家人/朋友商量商量"，客户的这句话几乎是每位汽车销售人员每天都可能听到的，它既可能是客户拒绝购车或者拖延购车决策时使用的托词，也可能是现实的情况。汽车销售人员在处理这类问题时也要从这两方面来考虑：第一种情况，客户有实际的购车决策权，只是想"征询"一下家人/朋友的看法和意见。针对这一类型客户，销售人员要帮助客户建立充分的自信心，也可以采取适度的激将法，刺激其做出购买决策；第二种情况，客户没有决策权，确实需要征求某个不在场的决策者的意见时，销售人员也要向客户详细了解决策人的情况，并索取联系方式，请客户定下时间邀请决策者一起试车、购车，最好是说服客户交一定的订金，待决策者同意后再签合同、交车款。

错误提醒

如果客户坚持要先询问家人或者朋友的意见再决定是否购车，汽车销售人员应表示理解，不能一步不让地逼着客户当场做决定。

客户：我想来想去，今天还是不买了，我一定要跟家人商量一下。

汽车销售人员：张先生，这车是您来付钱，将来也是您来驾驶，只要您喜欢不就够了嘛。再说了，现在家庭买车都是先生说了算的。

技 巧展示

针对客户提出的"商量商量"之类的异议，汽车销售人员可以从事前、事中、事后三个阶段来进行预防、处理和控制，如下表所示。

应对方式	具体含义	示例
事前预防	事前预防是指汽车销售人员在与客户接触的初期阶段，通过寒暄与问询来判断客户是否具有购买决定权，如果不具有，应该主动请客户约出决策人参与面谈	先生/女士，这次买车是由您拿主意，是吗 先生/女士，如果您看好了一款车，是由您独自来负担吗
事中处理	汽车销售人员首先需要明确客户对车子是否中意，如果不中意，则要找出客户喜欢的车型，如果中意，则可以营造紧张的销售气氛，让客户有紧迫感，或者采取激将法，刺激客户做出决定	先生/女士，这款车以后主要还是您来开，您对车子这么懂行，我相信只要您这个一家之主选好了车，您家人一定会赞成的，对吧 先生/女士，这款车我们只剩下一辆现车了，下一批车过来就得等好几个星期以后了。您要是喜欢这款，我带您看看现车去，好吗
事后控制	如果客户坚持要与家人商量，或者客户确实不具有购买决定权，那么汽车销售人员可以提议让客户利用电话与家人商量；客户如果执意要回家商量，销售人员也要了解决策者的情况和联系方式，并详细约定下一次面谈的时间与地点，同时，可以让客户将资料带回，让决策者有初步的了解，为下一次面谈打下基础	先生/女士，您是否需要去贵宾室给家人打一个电话商量一下 先生/女士，我们在这个周六会有新车到店，您周六是否有时间带家人过来看一看呢

情景42　我不着急买车再等等吧

实 景再现

客户：买车也不是迫在眉睫的事，这几年，没有车不也过得好好的嘛，我不着急买车，再等等吧。

汽车销售人员：呵呵，张先生，我知道您在外企的工作节奏是很快的，平时也非常忙，周末可以说是休息放松或者陪伴家人的最好时机，可是您连着两个周末都来我们这里看车试车，我想，您对这款车应该是挺喜欢的，您说不着急买，是不是我的工作哪里做得不到位让您不高兴了呢？

客户：不是，不是，你做得很好，我很满意。

汽车销售人员：那是不是这款车不太合您的意呢？张先生，难得我们是老乡，您别把我当外人，如果有什么问题，可以直接和我说，能解决的我一定解决。

客户：唔……是这样的，我朋友们买车都会花上好几个月的时间走好几家店才下决定呢。你看，我就看了两次就把这款车定下来，好像太冲动了。

汽车销售人员：张先生，您有这样的感觉就对了。我们这款车无论是从外观设计上，还是从动力性能上，或者从驾驶感觉上来说，都是优秀的，每天进我们店的客户有一半都会被它所吸引。但是，光有冲动不够呀，很多客户虽然喜欢，但是却不具备您这样的经济实力。所以，您的冲动是正常的，但这款车是绝对值得您冲动一回的！

情 景分析

汽车能给人们的生活带来很多便利，但它不是生活必需品，更不是生活急需品，所以，很多客户即使选中了心仪的车，在做最终决策时仍然会三思而后行。但凡有经验的汽车销售人员都知道，在买卖决策的最后关头，谁沉不住气，谁就会占下风，很多客户也是懂这一规则的，他们在最后关头经常会摆出无所谓的态度，"不急""再等等""可买可不买"，缺乏经验的销售人员会信以为真，认为客户的购买意向并不太强烈，于是马上抛出优惠政策来拉住客户，这样恰恰中了客户的"陷阱"。所以说，汽车销售人员必须比客户还要冷静，要充分挖掘出客户真实的异议到底是什么，客户的担心到底是什么，然后才能有效地破解对方的异议和疑虑。

😞 错误提醒

冷静是汽车销售人员必须修炼的一种素养，无论客户提出来的是批评、是质疑、是异议，还是明明白白的拒绝，销售人员都要保持冷静。如果汽车销售人员沉不住气，心慌意乱，只会增加成交的困难与障碍。

客户：我不着急买车，再等等吧。

汽车销售人员：张先生，您是不是觉得价钱不合适呢？如果您有什么要求，可以尽管提出来，我一定想办法给您最优惠的价格。

客户：这么说，刚才你给我报的价不实在喽？

技 巧展示

区分真假异议

汽车销售人员在处理客户的异议时，首先就要分清客户表达出来的意见是真异议，还是假异议。真异议是清晰的、明确的，是客户顾虑与疑虑的真实表达；假异议则是模糊的、表面的，是客户为了掩盖真实的异议而敷衍搪塞的借口。

假异议	真实异议
我不是很喜欢这款车	你们这款车开起来噪声很大，我不是很喜欢
我朋友不同意买这款车	我朋友说这款车没有太多安全保障，不同意我买
我再看看	我想对比一下几家店的价格，看哪家优惠一些
我要和家人商量商量	这款车的价位快超出我的预算了，我要和家人商量一下
我明天再答复你吧	你要是能再优惠点就好了，我今天大概就能定下来

那么，汽车销售人员如何才能区分客户的异议哪些是真实的，哪些是借口呢？通过以下四个方法，销售人员基本上就可以鉴定出客户异议的真假。

1. 观察客户提出异议时的神情语气

客户在提出异议时，其神情是认真严肃，还是飘忽不定；是深思熟虑，还是轻松随意；语气是郑重有力，还是漫不经心，这些都能暴露客户对自己所提出的异议是否重视，是否在意。

2. 仔细辨别异议的内容

客户提出的问题与顾虑是具体明了的，还是模糊不清的；是精准的，还是宽泛的，这些异议的内容与内涵也能体现其真实性。

3. 细心留意异议解答后客户的反应

客户如果是真的存在问题与疑虑，那么在汽车销售人员解答异议时，他们会全神贯注地倾听，会发问，会有表情、情绪的变化与波动。反之，如果客户提出的异议只是借口和托词，那么他们是不会关心销售人员是如何解答这项异议的。

4. 问"为什么"

问"为什么"是判断客户真假异议的最直接办法。只要汽车销售人员问一句"您能说说为什么吗"，那些抱有真异议的客户会一五一十地说出他们的顾虑与疑问，而客户如果提出的是假异议，那么几番"为什么"问下来，他们的真实异议也就暴露出来了。

第3节 品牌异议

情景43 你们品牌不是非常知名呀

实 景再现

情景1：

客户：车看起来是好车，但是你们 A 品牌不是非常知名呀，你看现在不少大品牌的车都会闹毛病，小品牌就更难保证啦。

汽车销售人员：张先生，其实之前我们也有好几位客户和您有一样的担心。确实，我们公司成立比较晚，品牌的名气也比不上大牌的汽车厂商。（一句理解）

汽车销售人员：我有个客户叫王志，他去年从我们店里买的车。每次我们有新车上市，他都会来试一试，这位王先生有一句话说得很对，他说，"我知道你们牌子不是很响亮，但是经济实用，而且开你们的车很放心，平时有什么问题只要打一个电话，售后人员就会快速地帮忙解决问题，用车用得很舒心。"（一个故事）

汽车销售人员：张先生，大品牌有大品牌的好处，小品牌也有小品牌的妙处呀，同级别的车型，我们的售价要低三万到五万元，同样的维修和保养，我们的收费只有其他品牌的三分之一不到。我们为了赢得更多的客户，将小品牌做成大品牌，一方面在质量上一丝一毫都不敢马虎，另一方面，在服务上想客户之所想，急客户之所急，能让您买车放心，用车更安心。您说是不是这样呢？（一个实证）

客户：嗯，你说的还真有些道理。

情景2：

客户：你们这个品牌不是很知名吧，我还从来没听过呢。

汽车销售人员：张先生，这一点都不奇怪，您这个问题好几位客户都问过呢。我们是著名汽车厂商 A 公司旗下的品牌，有十二年的历史了，刚刚进入国内不久，所以您可能没有留意过。现在在很多旗舰店我们这款车的销量都很不错呢，好几个店都出现了库存紧张的状况。

客户：原来是这样啊……

情景分析

客户在选车购车时，汽车的品牌知名度和美誉度是一个很重要的考量因素。通常来说，好的品牌在质量上相对而言更有保障，在售后服务上更加细致，在维修保养的收费上也较为规范。如果汽车销售人员销售的是客户了解得较少的知名品牌车型，那么可以礼貌、耐心地向客户介绍品牌历史和成就，加深客户的认识；如果产品是非知名品牌，汽车销售人员可以通过价格和售后服务上的优势进行推销。

错误提醒

很多客户对汽车缺乏了解，不熟悉某个汽车品牌或车型是很正常的，汽车销售人员一定要照顾这类客户的心理，不能冷嘲热讽，言语讥诮。

汽车销售人员：我们品牌这么有名，您都没听过吗？我们天天在电视台黄金时段做广告呢！

汽车销售人员：您连我们品牌都没听过啊？真想不到！我们品牌很有名气的！

技巧展示

汽车销售人员在应对客户异议时如何处理、如何化解都是次要的，最重要的是心态的调整。如果能对任何异议都抱定积极乐观的心态，即使是最苛刻、最难处理的异议，销售人员也能实现绝地"突围"。当客户提出不利的问题时，心态良好的销售人员总是能看到这个问题对销售有利的一面。例如在上文的情景中，客户指出"品牌不知名"，这确实是不利于销售的。随后销售员强调了其品牌虽然不知名，但在价格上有优势，而且为了争取客户的支持，在售后服务上也会更加细致周到，这就是有利的一面。当客户看到不利因素时，销售人员要学会引导他们去发现有利的那一面，从而让客户重新建立信心与信任。

情景44　我不太想购买国产品牌车

实 景再现

客户：我觉得十多万元左右还是买合资品牌的车比较好，国产品牌的汽车在性能、设计和质量上与其相比还是有差距的。

汽车销售人员：张先生，您这个想法一点也不奇怪，好些客户都这么想过。（一句理解）

汽车销售人员：我在上半年接待过一位客户，他最开始跟您的想法一模一样，不想买我们国产的，想买合资品牌的车。后来，他一连试驾了我们这款车四次，最后果断地买下来了，我现在还记得他当时说的一句话，他说"不管是合资的还是国产的汽车，都是在国内造的，没有本质区别。但是，同样10万元，买合资只能买中低配置的，而买国产车却可以买到高配置的，性价比高，再说维修保养既方便也经济。"他买这款车也有半年时间了，前几天他驾车路过这里，我们还聊了几句，他说车子现在用着很好，一点也不后悔。（一个故事）

客户：是吗？

汽车销售人员：我们待会儿要去××路试驾，李先生刚好在那条路上开着一家烟酒店，我们可以顺便去跟他聊聊，您也可以详细了解一下国产车用起来到底如何呀。（一个实证）

客户：好吧，就这么办。

情 景分析

合资品牌的汽车或者进口汽车在知名度、质量、技术、设计等方面比较有优势，而国产品牌汽车具有价格优势，性价比不错，而且日常使用、保养、维修成本低，在设计上考虑了国内的道路条件、人的体型、驾驶习惯等特点，更加本土化和人性化。因此，客户在一定价格区间内选车时，往往会在合资车、进口车、国产车之间难以取舍。汽车销售人员应根据客户的需求和实际情况来突出国产车的优势，改变客户对国产品牌的看法与态度。

错误提醒

"说者无心，听者有意"，汽车销售人员在推荐国产车时一句不经心的话很可能引起客户的误解，甚至激起矛盾，因此，销售人员与客户交流时不能过于心直口快，说话要懂得斟酌。

客户：我想去其他店看看合资车，我对国产品牌的汽车不是很感兴趣。

汽车销售人员：是中国人当然要支持国产嘛，其实国产品牌的车也是很不错的。

客户：你的意思是我崇洋媚外、不爱国，是吗？

技 巧展示

技巧 1：老客户是汽车销售人员最宝贵的财富。老客户能带来新客户，也能影响新客户，尤其是当新客户存在异议与疑虑时，老客户更是最好的发言人和佐证人。因此，汽车销售人员一定要与老客户保持良好的往来和联系，有针对性地培养几个"样板客户"，以便在处理新客户的异议时，可以适时地援引"样板客户"的实例或评价，在条件许可的情况下，甚至可以让"样板客户"现身说法，以求更有效地打动和影响新客户。

技巧 2：国产车 PK 进口车话术示例

"同排量的车型在价格上，进口车往往是国产车的一到两倍，一些知名汽车更是国产车的十多倍。也就是说，买一款进口车的钱可以买好几辆国产车。而且，进口车卖的是一个'名气'，消费者多付的钱并不是花在车上，而是花在进口车关税、运费、装卸还有进口商的利润上。还是国产车实在，物有所值。"

"购车的花费是一次性的，而日常使用、维修、保养却是终身的。进口车的零配件价格和整车价格是成正比的，进口车的零配件也价值不菲，大概是国产车零配件的3~4倍。国外车辆更新换代迅速，如果车型淘汰了，要买零配件就更困难了。国产车的汽配市场现在不断升温，零配件供应充足，价格上也要实惠很多。"

"售后服务是买车时不得不考虑的一个重要因素。现在国内主要的汽车厂商都有完善的售后服务，在一些发达地区的乡镇甚至都有维修点。而很多进口车只在国内的大城市有为数不多的特约维修点，而且材料、工时费用高昂，要是涉及质量投诉、索赔，需要与国外厂家交涉，那就更麻烦了。"

"进口车大多数是根据其他国家的道路及人体设计的，不一定适合中国人的需求。而国产车的设计都考虑了国内的道路状况、人的体型、驾驶习惯等特点，在一些配置上也更加本土化，在驾驶的操控性和平顺性上要更优越一些。"

第4节 偏好异议

情景45 我不是非常喜欢这一款车

实景再现

汽车销售人员：您对刚刚试驾的这款车中意吗？

客户：我不太想要这款车。

汽车销售人员：为什么呢？（一探"为什么"）

客户：我不是非常喜欢它。

汽车销售人员：您能跟我说说为什么吗？（二探"为什么"）

客户：这款车的款式有点老，看起来和你们几年前推出来的车型没什么区别。

汽车销售人员：我不得不说，您真是好眼力，总能一眼看到本质的东西。这款新车确实是延续了我们品牌最经典的车型款式。它霸气犀利的前脸、高高上翘的腰线、动感流畅的车身，让爱车之人一眼就能感受到它澎湃的动力。我们有很多客户都和您一样，一进展厅，就被它的外型迷住了。

客户：嗯……它的款式确实很不一样。但是，我还是要考虑一下。

汽车销售人员：张先生，我觉得，除了款式之外，您还有其他的顾虑，如果您信得过我，能不能说出来，看我能不能帮您解决？（三探"为什么"）

客户：唔……是这样，我上午去了附近的 A 车行，我觉得你们这款车不如他们的 B 品牌车的配置好。

汽车销售人员：张先生，谢谢您能这么坦诚地告诉我您的想法，您为什么觉得 B 车的配置比我们好呢，能说说具体是哪些配置吗？（四探"为什么"）

客户：B 车比你们多了两大配置……

情 景分析

对销售人员来说，客户对汽车产品明确地提出异议或者质疑，并不是难以应对的状况，真正麻烦的是客户心存异议，却不愿意吐露出来，而是寻找其他借口或说辞来掩盖。汽车销售人员如果不能挖掘出客户的真实想法，而只是一味地应对客户提出的一个又一个表面问题的话，不仅说服不了客户，销售也将很难达成。因此，当客户提出模糊不清、推搪敷衍的表面异议时，销售人员首要的工作不是立即去回应或者解答，而是应该用一系列的"为什么"去引出客户隐藏的真实想法。

错误提醒

很多汽车销售人员对客户的拒绝和异议有一种本能的惧怕与恐慌，一旦客户摇摇头，摆摆手，说一声"不"，销售人员的心态就开始受影响，要么知难而退，轻易地放弃这个客户，要么气急败坏，言行过激，给对方留下恶劣的印象。

汽车销售人员：哦，没关系，您可以看看展厅的其他车，我们各种价位各种配置的车都有，您再看看，肯定能挑出满意的。（在客户的异议点都没有弄清楚之前，销售人员即使推荐其他车型也很难有十足的把握打动客户）

汽车销售人员：您不能这样啊，您看，一上午我给您介绍了一个小时，又陪您试了一个多小时车，刚刚您还说这车不错，怎么才一会儿就不喜欢啦？您不是要我吧？（销售人员的水准和素质暴露无遗，客户即使对该车还有一点意向，也会转身离开的）

技 巧展示

挖掘真实异议的有效方法——"为什么"

如果要评选一本对儿童知识启蒙影响最大、最广的书，那么首推的一定是《十万个为什么》，儿童最初的知识积累都是通过询问"为什么"获得的。这句简单的"为什么"，正是探索复杂的未知事物的最好方式。汽车销售人员在面对客户含糊不清的异议与拒绝时，同样可以利用这句"为什么"，抽丝剥茧、层层深入，直到挖掘出客户真实的想法与意见。当销售人员虚心、诚恳向客户请教"为什么"的时候，客户感受到的是被尊重和被重视，在这种心理满足感的影响下，他们一般都会乐于回答"为什么"。

需要注意的是，即便是性情再好的人，当被一而再、再而三地追问"为什么"的时候，也会感到紧张、厌烦、排斥。因此，汽车销售人员使用这种方法时要学会巧妙地变换发问的形式与内容，常用的话术如下所示。

"先生/女士，您这个想法太特别了，能跟我说说您为什么会这么想吗？"

"先生/女士，很少有客户能提出您这么独到的见解，您能跟我详细说说为什么吗？"

"先生/女士，最近很多客户都跟我提过这个问题，但我一直不是太明白，您能跟我详细说一下吗？"

"先生/女士，我是第一次遇到您这么专业的客户，您能跟我说得再细一点吗？"

"先生/女士，您能说说为什么不太满意吗？您的建议对我们以后进行产品改进一定会有很不一般的影响的。"

"先生/女士，您不喜欢这款车没有关系，毕竟选车也是讲求缘分的。您如果能跟我说说这款车在哪些方面不太令人满意，对我以后的工作一定会很有帮助的。"

情景46 我朋友觉得这款车不太好

实 景再现

客户张先生带着他的朋友赵先生一起来参加试驾，试完车后，客户比较满意，但是赵先生却不太看好这款车……

　　汽车销售人员：赵先生，看得出来您对汽车很精通，您能跟我说说这款车哪里不太令人满意吗？

　　赵先生：它外观非常漂亮，内饰也还可以，但提速比较慢，而且这款车的动力一般。

　　汽车销售人员：赵先生，难怪张先生选车会那么尊重您的意见，您真的相当内行。说实话，要论动力性、加速性，确实不是这款车的强项。我了解到张先生买车是为了给新婚的太太一个惊喜，是吧？

　　客户：呵呵，是这样的。

　　汽车销售人员：您对太太真好，我相信，收到这样一份特别的礼物，您太太这一辈子都会记在心里的。女士用车和男士用车有一些不一样，像赵先生，就会看重驾驶的快感和乐趣，一马当先，纵横驰骋，这才是男士心中的好车，赵先生，您说是不是？

　　赵先生：没错。

　　汽车销售人员：女士用车最看重的则是美观、舒适还有安全，张先生，您想想，如果您太太来选车，她是不是会选一款外型美观漂亮、空间舒适宽敞、安全保障齐备的车呢？

　　客户：嗯，我觉得是。

　　汽车销售人员：我们这一款车是专为女士打造的，无论是外型还是空间，都非常迎合女性的需求，尤其是安全配置，它配备了预紧式安全带、六大安全气囊、人体工学安全座椅、四门内置强化防撞钢梁等配置，它们可以为您太太提供多重的安全防护。赵先生，您对汽车非常了解，您说是不是这样的呢？

　　赵先生：嗯，你说的没错。

　　汽车销售人员：张先生，赵先生，您二位觉得这款车怎么样？我敢说，张太太如果看到这样一款时髦炫丽的车子，一定会很高兴的……

情 景分析

　　客户在选车时经常会带上懂行情、懂汽车的朋友，以便获取专业的、可信的意见与建议。这些"参谋"如果提出负面评价，对销售人员来说无疑是一种很大的障碍。要想有效地抑制"参谋"人员的消极影响，甚至让他们帮助自己劝说客户，销售人员可以从两方面着手：一方面对"参谋"人员要多加重视、多加赞美，让其感受到尊重与愉悦；另一方面，要紧扣客户的需求，强调汽车产品对于客户的价值和利益，并积极争取客户的认同，这在无形中会给"参谋"人员以压力，让他们不好对客户中意的车型持反对立场。这就是"糖衣＋炮弹"的方法，"糖衣"指的是尊重与赞美，而"炮弹"指的是软性的、适度的压力。通过这种方式，汽车销售人员能够达到"团结"客户的同伴、推动销售进程的目的。

😞 错误提醒

一名优秀的汽车销售人员应该在异议与质疑面前保持冷静和镇定。即使客户的同伴或"参谋"对汽车产品提出苛刻的批评和意见，销售人员也要巧妙地、有礼有节地应对，不能与客户或其同伴争辩争吵，以免为销售达成制造更大的困难。当销售人员与客户的同伴发生争执时，大部分的客户都会维护自己的同伴，因此，销售人员一定要处理好与客户同伴之间的关系。

技 巧展示

技巧1：当客户带着同伴一起来选车时，销售人员应该主动出击，请客户介绍其同伴，消除双方之间的陌生感。在接洽过程中，汽车销售人员也不能只关注目标客户，而忽略其同伴，要赢得客户，很多情况下应该从赢取客户的同伴入手。

技巧2：每一个销售人员都希望客户带来的"参谋"能对汽车作出一些积极、正面的评价，以便促进销售过程，但是，这些"参谋"作出的往往是负面、不利的评价。汽车销售人员一方面可以防患于未然，另一方面可以尽量消除或者遏制"参谋"人员对客户的消极影响，具体的方法就是"糖衣＋炮弹"。

"糖衣"指的是与"参谋"建立良好的关系，赢得他们的好感与支持，这可以通过赞美或者给予实际利益来实现，具体话术如下。

"先生/女士，您这么年轻就已经是××汽车公司的技术工程师了啊？难怪您对汽车这么熟悉、这么专业。我要是能有您现在一半的成就就好了。"

"先生/女士，您在××车行工作呀？那家车行是专营高端车的吧？我有个老客户，想换一款高端车，不知道可不可以让他跟您联系啊？"

"先生/女士，原来您从事的是培训行业呀，那太巧了，我们公司正想为新员工做一期培训呢，现在正在挑选合适的培训公司，您有什么好的建议吗？"

"炮弹"指的是向"参谋"施加一定的压力，毕竟买车的是客户，如果这款车对客户具有相当大的利益和价值，或者客户非常喜欢这款车，那么即使是"参谋"，也会顾及客户的利益与感受，在做出评价时会更慎重一些，具体话术如下。

"先生/女士，您真的很在行，如果我是张先生，我也会请您来帮忙参谋。上一次张先生和太太来看车，一眼就看上了这款，张太太很是喜欢，您觉得这辆车怎么样？"

"先生/女士，您说的是。这款车内饰确实比较朴素，它没有奢华的真皮座椅，没有豪华的全景天窗，但它是一款注重性价比、经济性的车。无论是买车，还是以后养车，都不会给张先生造成经济负担，这样才是比较理性的消费方式，您说呢？"

方法	具体含义	示例
横向比较法	将客户看中的车型与市场上同级别的其他车型做对比，从而突出其价格的实在性	我们这款车跟市场上同级别的车型相比，要便宜五六千块钱，实在没有再降价的必要
纵向比较法	将客户看中的车型的往期价格、当前价格、后期价格做对比，从而突出当前价格的实惠性	我们这款车上半年的售价是 12.8 万元，现在是 12.3 万元，另外还赠送价值 3 000 元的大礼包，您看，我们店里的公告也写了，因为库存很紧张，过了这个月，车价还是会调回 12.8 万元。所以说，现在的价格确实是近期最低的，不可能再降了
差价返还承诺	在店里制度允许的前提下，向客户做出降价返还差价的承诺	如果我们三个月内以更低的价格销售这款车，我们店愿意向您返还双倍的差价

Chapter 5

第5章

跟进：跟得紧方能靠得近

◆ 客户拒绝不代表销售失败　　◆ 客户退车之后要及时跟进

◆ 设计能打动客户的开场白　　◆ 做好个人的客户关系管理

◆ 及时掌握客户选车的进程　　◆ 吸引准客户再度光临赏驾

汽车与日常生活用品不同，它是一种大宗消费品，客户在选择、比较、购买时会思前想后、慎之又慎，从开始选车到最终购买，是一个较为长期的过程。汽车销售人员是否有足够的耐心，是否重视长期的客户跟进工作，直接决定着销售人员的个人销售成绩与客户的满意度。

汽车销售人员工作日志

客户试驾后的几天里，我一直在联系客户，想知道他对这款车是否满意，可是对方好像很反感，总是拒接或者挂断电话，我该怎么办呢……

每天车行都不断有新客户来看车，平时还要参加业务培训和会议，我总是感觉时间不够用，要抽出时间打电话跟进以前的客户，我觉得很困难……

我手头上需要跟进的客户特别多，有些还是好几个月前的客户，都没什么印象了，我都不知道跟进工作要从哪位客户开始入手……

有些客户在面谈时当场就表示不喜欢我们的车，这样的客户没什么成交的希望，还有一些客户已经买车了，两三年内肯定不会再换，联系他们没什么必要吧……

上一次客户只是来看了一下车，我想打电话跟他约一个时间试驾一下，可是客户老说自己忙，没时间，我一点办法也没有……

第 1 节　紧跟客户

情景 47　客户拒绝不代表销售失败

实 景再现

张先生虽然对汽车销售人员推介的车型比较中意，但是一时还下不了决心购买，无论销售人员如何劝说，张先生仍然表示要好好考虑考虑……

客户：小李，今天辛苦你了，这款车我还要再考虑考虑，要是想好了，我再过来。

汽车销售人员：没关系，张先生，就算您今天看完车就打算当场提车，我也不会赞成的。选车就应该像您这样慎重一点好。在您走之前，我能向您请教最后一个问题吗？我很想知道，您对我今天介绍的这款车怎么看呢？（明确客户对车型的态度与看法）

客户：还不错，我在其他店也看过别的车型，这一款算是相当不错的。

汽车销售人员：谢谢您这么喜欢我们的车。您看，今天您太太和孩子没有和您一起来，这是我们车型的一些详细的介绍资料，您可以带回家和太太商量一下，如果您有朋友最近也在选车，希望您能推荐一下我们店，您的朋友就是我的朋友，我一定会给最优惠的价格的。还有一份小礼品，是我们的概念车车模，送给您的孩子，相信他一定会喜欢的。

客户：谢谢你呀，小李。

汽车销售人员：张先生，我们近期会有一场大型的试驾体验活动，会在专业的试车场地举行，很多老车主也会来参加，我想您如果能和我们的老客户聊一聊，对这款车一定会有更深的了解，而且在专业场地试车跟在普通道路上驾驶的感觉是完全不一样的，很值得一试。这次活动日期确定后，我再联系您好吗？（为跟进创造机会）

客户：好的，再见。

汽车销售人员：张先生，这是我的名片，您如果在汽车选购方面有任何问题，欢迎您随时联系我。再见！（加强客户的印象）

情 景分析

相关调查表明，有80%的客户需要销售人员跟进四到十次才会成交。因此，如果一位客户没有当场付订金或者拒绝签约，这并不代表交易失败。汽车销售人员与其将时间花在沮丧或者抱怨上，不如积极主动地为下一次跟进或接洽做准备工作，例如在客户离开前给对方留下一个良好而深刻的印象；让客户带走产品资料和手册，以便与家人朋友共同参考；要求客户推荐熟人前来选车购车；为下一次跟进创造机会、做好铺垫等。优秀的汽车销售人员总是能从客户的拒绝中吸取到宝贵的经验与教训，并能寻找到再次"进攻"的时机与突破口。

错误提醒

俗话说"善始容易，善终难"，在客户看来，最能体现一位汽车销售人员的素养与水准的不是接待与接洽的过程，而是客户拒绝购买离开店面的那一瞬间。如果销售人员一改之前的热情友好，流露出失望、沮丧的神情，甚至是翻脸不认人，那么客户即使再喜欢某款车，也很难再与这样的销售人员相处。这意味着，销售人员之前费心、精心建立起来的好感与信任感也将不复存在。

汽车销售人员：（沮丧失望）那好吧，张先生，再见。

汽车销售人员：（面带不悦）随便您，喜欢再过来吧！

技 巧展示

技巧1：保持积极心态，正视客户的拒绝

心态决定状态，在有的销售人员看来，客户说"不"意味着成交的大门被关闭，意味着销售的失败；而在有的销售人员眼中，客户的拒绝是一座宝藏（如下图所示）。

1	2	3
每一次被拒绝都代表着汽车销售人员向最终达成迈近了一步。80%的销售是在第四次接触以后达成的，那么，客户每拒绝一次，就意味着销售人员更接近成功	客户的拒绝是促成交易的最好突破口。客户表示拒绝，说明其有问题或顾虑存在，销售人员只要消除了这些障碍，也就等于消除了拒绝，交易达成也就水到渠成	客户的拒绝是汽车销售人员自省的镜子。如果销售人员各项工作都能切实做到位，那么客户提出拒绝的概率就很小。因此，有拒绝，说明销售人员的工作中还有漏洞和不足，还需要改进

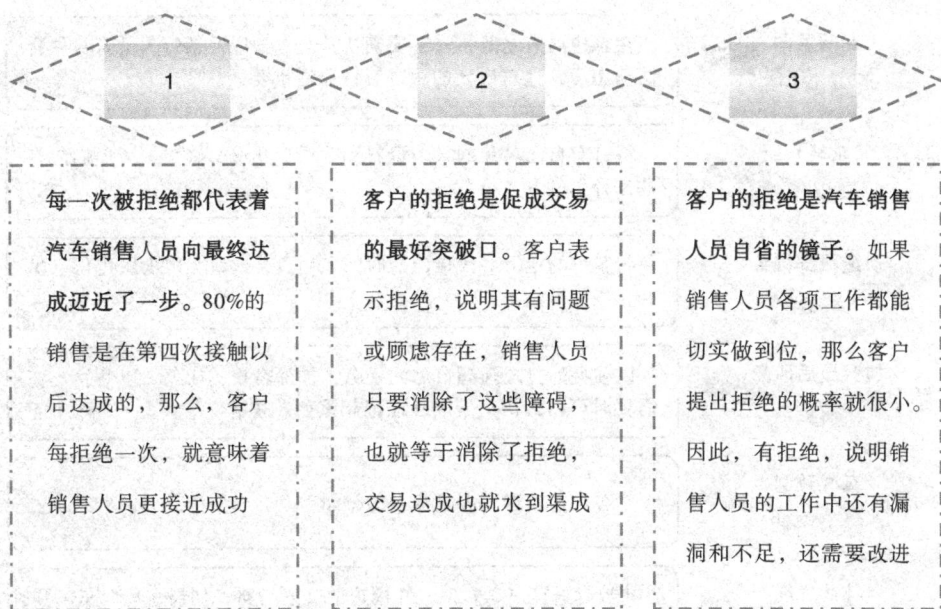

汽车销售人员如果能够正确地看待和理解客户拒绝的真正意义，就不会再被沮丧、失望、恐慌所击溃，而是能够满怀信心与勇气去正视拒绝、应对拒绝。

技巧2：送别客户，细微之处赢取机会

客户这次没有下定决心买车，并不代表以后不会重新来店购买，他们依然是极具价值的潜在客户。因此，即便客户毫不留情地拒绝购车，汽车销售人员仍然不能轻言放弃，应该利用送别客户时的短暂时机，加深和巩固双方之间的好感与信赖，从细微之处着眼，做好以下工作，以赢取再次销售的机会。

技巧3：比竞争对手多用心一点点

客户在选车的过程中可能考察了好几家车行，每一家车行的销售人员都会力求给客户留下最深刻的印象，因为，当客户正式决定要买车时，他们选择的往往是自己印象最深的店。所以说，最后印象非常重要，汽车销售人员只有比竞争对手多用心一点点，才有可能脱颖而出。当一位客户没有购车而离开店面之后，汽车销售人员可以"用心"地发一条特别的短信息，让客户即使近期不买车，即使不在销售人员这里买车，也不会忘记这个店和这个销售人员。

客户离开时明确表示决定购买竞争对手 A 品牌的车，销售人员可以发这样的信息："张先生，不管您选择哪一个品牌，我都恭喜您买到一款中意的车。我整理了 A 品牌车的一些保养诀窍和注意事项，已经发送到您的邮箱。您这次没有选择

判明意向	在客户离店之前，一定要确认其对车型以及销售人员自身的看法与态度，这对后续的跟进工作非常重要
请求转介绍	将钉有自己名片的宣传资料和手册送几份给客户，请他们向有购车计划的熟人推荐
创造跟进机会	与客户约定下一次接洽的时间和地点，或者为再次跟进创造机会，做好铺垫
加深最后印象	以独特的方式强调自己的姓名，加深客户的印象，以便客户在需要时可以最快、最准确地记起该和谁联络
真诚致谢	对客户前来选车表达真诚的感谢
礼貌送客	礼貌地送客户离开，告知周边的交通线路，如果客户驾车离开，应待其开车离开一段距离（10~20米）后，再返回工作岗位

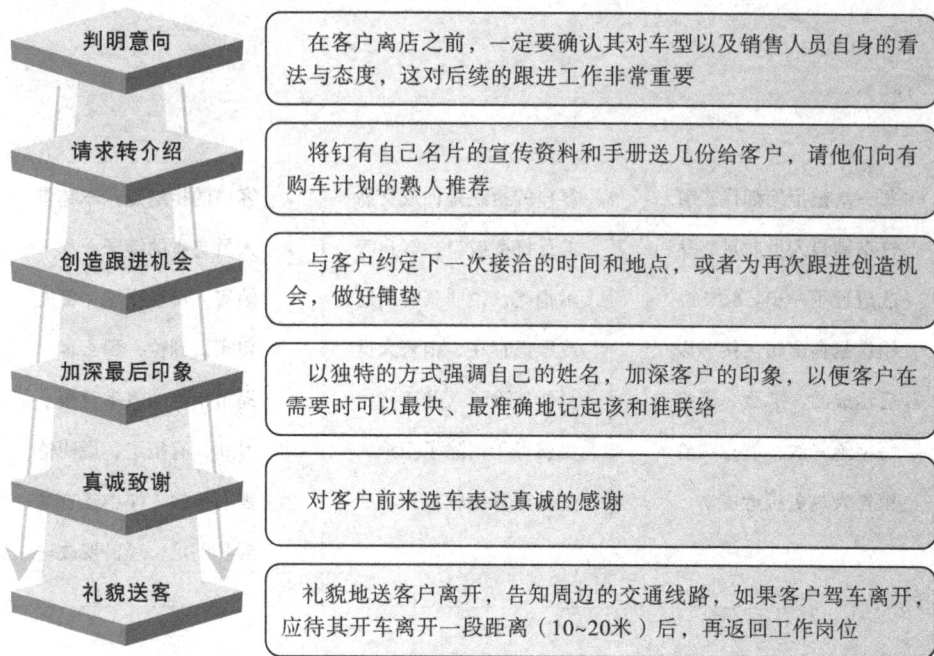

我们的车，一定是我们还有做得不够好的地方，张先生您阅历丰富，希望您能多给我们提宝贵意见，如果在汽车方面有什么问题随时可以联系我们。祝您购车愉快，行车安全，事业顺利！"

客户离开时表示要多比较几家店同一价格区段的车型，销售人员可以发这样的信息："张老师，上午跟您聊天，您在股票投资上的见解让我非常佩服，我对这方面也很有兴趣，可惜远远没有您经验丰富，很希望有时间可以再向您请教。您如果在选车的过程中有什么问题，欢迎您随时联系我，我做了 5 年的汽车销售，对每一家的车都很熟，如果能帮老师您选到心仪的车，是我的荣幸。"

情景 48　设计能打动客户的开场白

实 景再现

情景 1：请求客户给予建议和指导

汽车销售人员：张先生，您好，我是××汽车的销售顾问李明，您两天前来我们店试驾过，您看现在通话方便吗？

客户：哦，我记得，我不是说过了吗，我现在不想买车，你们别再打我电话！

汽车销售人员：张先生，我这次给您打电话不是为了推销汽车的。

客户：哦，这样啊，那你有什么事啊？

汽车销售人员：我想请您帮个忙。您还记得上次试驾的那款 A 车吧？因为它是新上市的车型，所以公司要求我们收集客户对这款车的看法和建议，以便改进我们的产品和工作。您是在大企业专门负责产品研发的，在这方面的见识肯定比别人要深刻，所以我很想听听您的看法。

客户：哦，是这样啊，我跟你说，你们这款车的最大好处在于……

情景2：真诚的关怀与帮助

汽车销售人员：张先生，您好，我是××汽车的销售人员李明，您前天来我们店试车的时候提到，您有个弟弟现在待业在家，您很想让他学学汽车修理，是吗？

客户：是呀，我兄弟才二十出头就待业了，我着急呀。上次你不是说你们店不缺人吗？

汽车销售人员：是的，我们店在售后维修这一块目前确实没有岗位。我看您挺为这事烦恼的，所以打电话问了我们其他的分店，刚好有一个店现在正在招人，我想您什么时候有时间，可以叫上您弟弟一起来看看。

客户：好啊，这太好了。真是有劳你了。

汽车销售人员：没关系，张先生，有您这样的大哥，您弟弟真的很幸运。对了，最近这两天您有没有去别的店试试车呢……

情景3：交流最新的信息

汽车销售人员：张先生，上次您好像提到，您是从事建筑设计工作的，是吗？

客户：是呀，怎么啦？

汽车销售人员：真巧，上午我接待了一个客户，是一家建筑设计公司的老总，您看好的那款车他今天提了一辆，他姓赵，我跟他提起您的名字，他一听就哈哈大笑，说认识您，还说您在建筑设计上的才华和能力非常出众，要是有机会，一定要挖走您呢。

客户：呵呵，是吗？这个赵总是哪个公司的呀？

汽车销售人员：他是××集团的。我跟他说您也看中这一款车，他很高兴，还说"英雄所见略同"呢。

客户：呵呵，这个赵总我还真认识。你们那款车现在还有现车吗……

情 景分析

汽车销售人员进行电话跟进的最终目的是相当明确的，那就是让客户"回头"来买车，客户当然也明白这一点，因此，客户对于销售人员的电话往往抱有排斥和警惕情绪，而且客户一般都会考察好几家车行，自然免不了被好几位销售人员"骚扰"，更是增添了客户对电话跟进的抵触。这就需要汽车销售人员能设计独特的、别开生面的、有足够吸引力的开场白来打动客户，缓和对方的戒备和排斥情绪，让客户有兴趣继续进行电话沟通，从而为再次面谈或登门拜访争取机会。

错误提醒

错误1：汽车销售人员要尽量避免使用过于直白、过于俗套的开场白，例如"您考虑得怎么样了？""您打算什么时候来试车啊？""您今天过来，我给您再优惠一点"等，这样的开场白几乎每一位汽车销售人员都在用，客户听得多了，也就不觉得有吸引力了。

错误2：在进行电话跟进时，汽车销售人员一定要注意这样的一个细节，无论客户意向如何，都不能给对方留下车子滞销、卖不动的印象，因为没有哪位客户愿意花一大笔钱来买一款其他人都看不上、都不想买的车子。

汽车销售人员：张先生，您什么时候有时间，我把试驾车开过去让您试一下？

客户：你们那款A车现在还有现车吗？

汽车销售人员：有啊，库房还有三辆呢。

客户：是吗？上周我去你就说还剩三辆，这么说，都一个星期了，这款车一辆也没卖出去啊？

汽车销售人员：呃……不是呀……没有这回事，这款车怎么可能卖不动呢……

技 巧展示

如何设计打动客户的开场白

什么样的话或话题最能够打动客户的心呢？汽车销售人员不妨先做一次换位思考，想一想自己最容易被什么样的话所打动——新奇有趣的、关乎切身利益的、解疑答惑的、体贴关切的、体现尊重的，这样的话题往往能在第一时间抓住客户的兴趣与注意力，让他们既乐意听，也乐意回应。因此，在跟进客户时，汽车销售人员就可以从这些话题入手来设计与众不同的开场白。

1. 新奇有趣的开场白

大多数人对于新奇的、独特的、有趣的话题总是有着浓厚的兴趣，如果这些话题与自己的生活有一定的关联，这种兴致会更加强烈。下面是几个新奇有趣的开场白示例。

"先生/女士，您知道最近特别火爆的那部电视剧《××》的男主角吗？真不敢相信，今天他和助理来我们这边试了一款车，当场就提走了，跟您看中的那款是一个系列的！"

"先生/女士，我今天给您打电话不是为了销售我的车，我很想知道您那天来试车的时候您孩子穿的那套非常漂亮的小外套哪里可以买到呢？我孩子快过三岁生日了，我很想给他买一套那样的衣服。"

2. 关乎客户利益的开场白

利益永远是客户最关心的话题，如果销售人员能够帮客户省钱甚至是赚钱，那么，对方即使再忙也会兴致勃勃地接听电话。以下是几个关乎客户利益的开场白示例。

"先生/女士，五一劳动节期间，我们店会举行成立以来优惠幅度最大的一次促销活动，全场购车享受九折的优惠，一辆20万元的车，能省下2万元呢……"

"先生/女士，上次聊天的时候，听您说起您最近在做建材生意，是吗？我有个朋友最近承包了一个装修项目，需要采办大量的材料，我一听这消息就想起您来了……"

3. 解疑答惑的开场白

在上一次的洽谈中，客户还有哪些遗留的问题或疑虑没有彻底得到解答，还有哪些问题没有得到解决，或者销售人员还有哪些工作没有做到位，这些话题也是客户关心和关注的。以下是几个解疑答惑的开场白示例。

"先生/女士，上一次我们聊车时，您提到自己平时经常去野外摄影采风，很想了解一下我们这款车的实际爬坡能力还有越野性能，对吧？我特地联系了好几位老客户，向他们了解了一下。凑巧的是，恰好有一位车主也是个摄影师，经常外出采风，他很想跟您认识一下，顺便可以聊聊用车的感受，您看什么时候方便？"

"先生/女士，上一次您来选车时，××系列的车店里只有黑色的，您说很想看看白色的，颜色明亮，也不显脏，今天我们店里到了好几款白色的，您看是明天还是后天来看看？"

4. 体贴关切的开场白

每个人都有需要他人帮助的时候，客户自然也不例外。在接洽的时候，客户可能在无意中提到了一两点他们目前所面临的问题或者困难，如果汽车销售人员能做个有心人，及时发觉，并在跟进时真诚地提供力所能及的帮助，不管能不能彻底解决客户的难题，他们都会记住销售人员的这份心意和努力，增强对销售人员的好感与信任，这让客户"回头"变得更加容易。因此，体贴关切、真诚帮助客户是最好的、最有效的开场白，具体示例如下所示。

"先生/女士，您上次说正忙着公司上市，现在一切进展都顺利吧？虽然只跟您接触了一次，但我感觉到您是个非常稳健的人，相信有您的主持，上市一定会大获成功的！"

"先生/女士，上次听您说您母亲患了××疾病，想这两天去××医院，是吧？我有个朋友正好在那个医院上班，您看有没有需要帮忙的地方？"

5. 体现尊重的开场白

马斯洛把人的需求分为生理需求、安全需求、社交需求、尊重需求和自我实现需求五个层次，有经济实力购车的客户大多数都已经实现了前三个需求，因此，尊重与自我实现需求是他们非常看重的。如果汽车销售人员能在短短的开场白中体现这种尊重，客户会很乐意接听这个电话。以下是几个能体现尊重的开场白示例。

"先生/女士，我感觉到，最近这几个月的时间自己的业绩好像遇到了瓶颈，很难突破，您做了十年销售，现在又是名震一方的特级讲师，我们公司老总谈起您都非常钦佩，我很希望您能指点一下我……"

"先生/女士，上次跟您聊的时候，我觉得您对汽车非常在行，提的很多见解都相当有见地，我记下了几条，在我们公司的例会上分享了一下，没想到老板和同事们都非常钦佩，我们老板还特地托我问问您，什么时候有空可以再到我们店走一走，他很想和您一起吃顿饭，聊一聊……"

情景49 及时掌握客户选车的进程

实景再现

情景1：

汽车销售人员：张先生，上次您说要去试一试 A 车的，不知道试驾感觉怎么样？

客户：哦，我去了，感觉不错。要是他们价格再低一点，我没准当场就定了。

汽车销售人员：在15万元左右的价位上，A车确实是非常不错的车型。您真是好眼光呢。

客户：呵呵，都是我朋友推荐的。

汽车销售人员：张先生，我们店最近有一款车，在14万元左右，配置和A车差不多，车内乘坐空间更大一点，您看要不要带上孩子来看看？上一次，您不是说以后要经常开车送孩子上学嘛。

客户：14万元呀？配置真的跟A车差不多吗？

汽车销售人员：是呀，您半年车市考察下来，现在完全可以称得上是个行家了，您来看看就知道了。这几天预约试驾的人还挺多的，您哪天比较有空，我帮您安排一下？

客户：明天上午吧。

情景2：

汽车销售人员：张先生，不知道您最近选车选得怎么样了？我们店正搞一次大活动，我想，您如果还没定下来的话，肯定会感兴趣的。

客户：哦？我还没定呢，看了几家，还在做对比，你说说看，什么活动啊？

汽车销售人员：我们这次活动是这样的……

情景3：

汽车销售人员：张先生，最近选到中意的车了吗？

客户：哦，买了，我在××店买了A车。上星期刚提的车呢。

汽车销售人员：是吗？那真是恭喜您了，您辛苦了好几个月，现在终于挑到爱车了。这几天磨合得还好吗？

客户：挺好的。新车嘛，新鲜感还没过去呢。

汽车销售人员：听您这声音里都透着喜悦，真为您高兴。

客户：抱歉啊，最后没有买你们的车。

汽车销售人员：没关系，做不成买卖，还可以做朋友嘛。如果您用车的过程中有什么问题，欢迎您随时找我。如果您有熟人现在正在选车的话，您一定要帮我介绍介绍呀。

客户：没问题。

情 景分析

通常来说，一位客户从有购车的打算到最终付款买车，往往需要好几个月甚至更长的时间，在每一个时间点上，客户都有可能做出选择。因此，汽车销售人员的跟进工作要能够持久、持续，要时时关注客户选车、购车的动态与进展，把握住一切有利于销售的机会，争取让客户"回心转意"。即使在跟进中，销售人员得知客户已经购车了，也应该大度地表达祝福，并适时地请客户介绍潜在客户资源。

错误提醒

在跟进工作中，汽车销售人员难免会遇到这样的情况：一直跟进的客户终于买车了，但是购买的却是竞争品牌的车型。这种时候，销售人员很容易失去耐性和理智，或者讽刺客户的购买决定，或者诋毁竞争品牌的车型，这种前后不一的表现只会完全破坏客户对销售人员的良好印象。

汽车销售人员：张先生，您说最近去看看 A 车的，怎么样啊？

客户：哦，他们那款车真的不错，我试了两次，定下来了。

汽车销售人员：真的？张先生，您这回可是选错了，您没看看 A 车那钢板吗？那么薄，安全根本没保障，您记得前几天市区的那起交通事故吗？那款 A 车完全被撞得四分五裂呀。

客户：你这人怎么这么说话啊！不就是因为我没买你们的车吗！

技 巧展示

技巧1：挖掘客户的最大化价值

汽车销售人员在进行跟进工作时，一定要避免盲目性，即不能为了跟进而跟进，例如有的客户还在考虑，销售人员就天天打电话催促；有的客户已经买车了，就将其从表单上划掉，接着跟进下一个。这样的跟进方式很难取得大的成效。其实，跟进工作就跟挖掘宝藏一样，每一位客户都是一个宝藏，销售人员要善于挖掘客户的最大化价值。客户签单是一种价值，客户给出的批评、意见、建议也是一种价值，客户介绍其他的亲友前来选车同样是一种价值。如果销售人员能从每一位客户那里挖到最大化的价值，这才称得上是有意义、有目的、有成效的跟进。

技巧2：客户选车的状态进程

总体说来，客户选车的状态与进程大致有以下几种情况，汽车销售人员在拨打每一个跟进电话之前，都要在心里打好腹稿，弄清客户处于哪一种状态，应该采取哪一种方式应对，这样，跟进时才能不慌不乱。

客户的选车进程	销售人员的应对
客户尚在对比考察中	以促销、试乘试驾、车友交流等方式吸引客户再次回到店里面谈
客户偏向竞争车型	详细了解客户为什么会选择竞争车型，一旦发现有可能的机会，尽力吸引客户"回头"，但不要攻击、毁谤竞争车型
客户偏向销售人员一方的车型	争取客户再度来店或者请求准许上门拜访
客户已经购车	真诚祝福，提供力所能及的帮助和有益的建议，请求客户转介绍
客户放弃购车	了解客户放弃购买的原因，如果发现可能挽回客户的机会，绝对不要错过

情景50　客户退车之后要及时跟进

实 景再现

客户张先生两个月前预订了一款车，双方约定一个月后提车，但由于这款车型销售火爆，供不应求，因此，一个半月过去了客户仍然没有提到车，最后张先生选择了退订金，放弃了这款车。而现在，店里现车供应充足，销售人员打算联系张先生，看他是否还想重新购买这款车。

汽车销售人员：张先生，真的很抱歉，上个月因为库存紧张，让您没能提到预订的车。

客户：算了，没买到就没买到吧，你们还不错，订金一分不少退我了。

汽车销售人员：呵呵，是我们给您买车添了麻烦，退订金是应该的。如果现在有现车，您还愿意重新考虑我们这一款吗？

客户：你们现在有现车？

汽车销售人员：是呀，上个月我们很多客户都没能提到这一款车，让这么多客户失望，是我们工作没做好。因此，这个月我们优先保证上个月没能提到车的客户的需求。您是退订了，但接待了您两次，我知道您心里很喜欢这款车，您说"很想春节时回家接父母过来团圆，这么舒适宽大的座椅，老人家一定不会累"，我希望您的愿望能够成真，如果您喜欢这款车，我一定为您留一辆。

客户：唔……你让我再想想吧。

汽车销售人员：张先生，因为我们的缘故，已经让您失望过一次，我不想让您再失望一次。您如果真的看好这款车，不如抽空过来看看吧，现在库房有好几辆，您可以挑自己喜欢的颜色和内饰风格呀。您看今天下午还是明天上午方便呢？

客户：那明天上午吧。

汽车销售人员：好的，我明天上午会专程等您过来的。

情景分析

客户即使退订了，但只要他们对该车型或者销售人员还有好感，那么就仍然有回旋的机会和余地。一个优秀的汽车销售人员，只要还有一线机会可以把握，就绝对不会放弃。即使客户退订了，销售人员仍然要与客户保持良好的关系，要随时了解客户的购车、选车情况，关心客户的生活，向客户及时通报最新的车市以及库存、促销情况，并为对方提供专业的、客观的建议。有这样的坚持，即使不能让客户回心转意，但是只要这种联系和信任一直在维持，那么，客户也很有可能推荐身边的人前来购车。

错误提醒

错误1：很多客户在退订后，往往又会后悔，汽车销售人员要理解客户的这种心思，在跟进时留心留意，不要对客户的退订决策冷嘲热讽，火上浇油。

汽车销售人员：张先生，您上一次真不该退订的。您退订的第二天，就到了一批车，排在您后面的客户提走了您看好的那款车。您看，只要您再多等一天，那款车就是您的了。

客户：提走了就提走了呗，我还不稀罕呢！

错误2：汽车销售人员追踪退订的客户要有足够的耐性，不可急于一时，不能天天打电话追着客户，每一次联系的时间间隔、每一通电话的通话时长都要把握好，以免让客户彻底厌烦。

技 巧展示

汽车销售人员对退订的客户进行跟进工作和跟踪服务有四个好处：第一，可以了解客户对销售人员及其所代表的产品、企业的看法。如果发现客户仍然抱有不满和怨气，销售人员可以及时化解，尽量挽回留给客户的不好的印象；第二，很多客户退订后往往会后悔，销售人员的跟进正好可以重新争取这部分客户；第三，如果汽车销售人员能够恢复与客户之间的良好关系，还有可能获得客户的转介绍，赢取新的销售机会；第四，客户经历过选车、订车和退车，因此对销售人员的工作有比较深的了解，他们能为销售人员提出宝贵的建议与意见，这对于销售人员工作能力的提升是有很大帮助的。所以，从这四点来说，即便是退车的客户，也是非常值得跟进的。

第 2 节　靠近客户

情景51　做好个人的客户关系管理

实 景再现

李明两年前进入一家 4S 店成为一名汽车销售人员，刚开始工作时，他接触的客户不多，对大多数客户都能叫得上名字，但几个月下来，他发现手头上积累的未成交的客户越来越多，而且对其中一部分客户已经完全没有了印象，这严重影响了他的业绩提升。通过公司的内部培训，他开始对每一位客户按成交的可能性大小进行分类，并科学地规划好跟进的进度与频次。两年下来，虽然李明负责的客户已经累计达到了 238 位，但是他每一天的工作都井井有条，与客户之间的联系非常紧密，业绩也稳居公司前列，他的成功很大一部分得益于细致的个人客户关系管理。对客户进行分类的依据和跟进策略如下表所示。

客户类别	分类依据	跟进策略
A类客户	客户具备支付能力，有决策权，有明确中意的车型，有望在一周内成交	当日或第二日进行电话跟进，争取再次面谈的机会，每隔两天必须电话联系确定客户是否订车，重点跟进
B类客户	客户具备支付能力，有决策权，有比较中意的车型，存在未能达成一致的异议点，有望在一个月内成交	三天内必须跟进，每隔三天做一次电话跟进，争取面谈机会
C类客户	客户对销售人员、企业、品牌或产品持肯定态度，尚未确定意向的车型，近期没有立即购车的计划	一星期内必须跟进，每两星期跟进一次，随时掌握客户购车的进程
D类客户	客户当场表明无意向或者拒绝购买	一星期内跟进，请求转介绍

情 景分析

一个企业有企业层面的客户关系管理，而汽车销售人员在累积了众多的客户资源后，也要做好个人层面的客户关系管理。

每一位销售人员都知道，不是所有前来展厅看车的客户都是准客户，要想达到100%的成交率也是不可能的。为了提高工作效率，增加销售成功的机会，销售人员应该对自己手头上的客户资源按时进行分级整理和管理，对于意向强烈的准客户，必须重点跟进、优先跟进，而意向不强烈或者缺乏兴趣的客户则可以放在较为次要的位置。

错误提醒

销售工作是紧张而忙碌的，尤其是当未成交的客户资源日积月累的时候，汽车销售人员很容易陷入盲目和茫然的工作状态中——每天都忙于接待新客户，忙于给未签约的客户打电话，但是能顺利签约的客户却并不见多，这就是典型的

"忙而无功"。汽车销售人员要养成每天盘点客户的习惯，将主要的精力放在"有希望"的客户身上，这样才能提高效率，提高成交率。

技巧展示

技巧 1：克服客户跟进的心理障碍

根据尼尔森公司对中国汽车消费的调研，第一次到车行就能签约购买的客户仅占 1%，也就是说 99% 的客户是在两次甚至更多次到访展厅后才做出购买决定的，而第二次到访是出于客户主动的仅占 24%，也就是说有 76% 的客户是汽车销售人员主动跟进争取来的。由此可见，汽车销售人员只有及时跟进，才能挽回更多的客户，才能获得更多的销售机会。但是，很多汽车销售人员对于跟进工作却有着种种心理障碍与压力，不愿、不屑、不敢对客户进行跟踪、跟进。销售人员必须积极、主动、勇敢地去克服这些心理障碍，这样才有可能得到能力与业绩的快速提升，具体如下表所示。

销售人员的心理障碍——"我觉得"	克服心理障碍——"何不这样想"
每天都要接待新客户，还要参加业务培训，根本没有时间跟进以前的客户	接待新客户是为了拿单，参加业务培训是为了更快更好地拿单，而跟进以前的客户同样也可以拿单，而且销售人员与此类客户已经打过交道，相互之间比较熟悉，拿单的可能性更大
客户如果真心想买车，那么当场就买了，如果不想买车，那么再怎么跟进效果也不大，还浪费了时间	买车不像买瓜果蔬菜，看着合适就能买下，大部分人在买车时都是慎之又慎。或许客户离店后就开始后悔了，正期待着销售人员能打一个跟进的电话呢
给客户打跟进电话感觉就像在求人家买车一样	给客户打跟进电话并不是在求人，而是在以顾问的形式化解客户尚存的疑虑，帮助他们选择适合的车型，这恰恰是销售人员价值的体现
即使跟进了，客户也很可能会拒绝购买	跟进工作确实可能遭到客户的拒绝，但也很有可能赢回客户的订单。而如果不跟进，那么，连机会都不会有

（续表）

销售人员的心理障碍——"我觉得"	克服心理障碍——"何不这样想"
客户离店前明确表示不喜欢店里的车型，还特别强调不许打电话骚扰他，这样的客户根本没有跟进的必要	客户有兴趣光临展厅，却表示不喜欢店里的车型，这说明客户一定发现了某方面的不足与缺陷，如果销售人员能通过请教发现问题，那么就可以避免再失去下一位客户了

技巧2：记录、分析与总结

优秀的汽车销售人员是靠一次一次的失败锤炼出来的，从每一次失败中汲取经验和教训，才能在下一次的工作中扬长补短、不断改进、不断完善、不断成长。因此，每接待一位客户，无论是达成意向，还是遭到拒绝，汽车销售人员都要及时、规范地记录客户来访信息，分析销售过程中的闪光点与不足点，总结经验与教训。客户来访信息记录分析表如下所示。

客户来访信息记录分析表

填表人员：   填表日期：

客户姓名		年龄	
性别		职业	
联系方式		居住地址	
家庭信息			
购车目的			
意向车型			
信息渠道	□ 电视广告　　□ 报纸广告　　□ DM广告　　□ 户外广告 □ 网络广告　　□ 他人介绍　　□ 其他		
询问事项			
客户异议			
交易状态	□ 拒绝购买　　□ 尚未达成　　□ 已交订金　　□ 已交全款		
未能成交原因分析			
客户级别	□ A类客户　　□ B类客户　　□ C类客户　　□ D类客户		
跟进进度安排			

技巧 3：客户分级跟进的注意事项

汽车销售人员的时间和精力是有限的，要想实现工作效率以及实际产出的最大化，就必须要把最好的时间、最好的精力放在最有可能成交的客户身上。在对客户进行分级与跟进时，销售人员要注意以下几点。

（1）每天必须安排固定的时段来整理、更新客户档案，梳理客户资料，并按意向以及紧迫性分级

（2）近期可能达成意向的 A 类、B 类客户是重点的潜在客户，他们的资料和信息销售人员要熟记于心，并保持持续、有规律的跟进

（3）根据客户的职业和作息安排跟进的时间和方式，例如，对于"朝九晚六"的上班族，要避开上班时间，避开繁忙的星期一，最好在星期五和星期六和其联络；对于从事财务工作的客户，应避开月初和月底的时间段，他们可能忙于公司月度账务整理而没有空闲时间等

（4）每一次跟进之前汽车销售人员都必须有明确的目的：是要解答客户尚存的疑虑和问题，还是要了解客户的购车进程，或者是试乘试驾的邀约等。有目的、有计划，跟进客户时才能避免前言不搭后语、泛泛而谈、浪费双方时间的状况发生

（5）每一次跟进获得的新信息都要及时补充到客户信息记录表中，以便于后续的面谈和跟进

情景 52 吸引准客户再度光临赏驾

实 景再现

情景 1：试乘试驾

汽车销售人员：张先生，我们这个周末有试驾体验活动，您中意的两款车都可以试车，到时候您可以比一比，看哪一款车的性能更好一些。

客户：哦，我知道了。

汽车销售人员：这一次试驾很难得，有专业的试车场地，还有专业的试车员，跟平时上普通路面上试车的感觉大不一样，您可以体验到各种路况条件下的车辆性能。我知道您对这一次选车很是看重，所以，我更加建议您参与这次活动，相信您一定能选到满意的好车。

客户：我这个周六日会很忙的。要是今天能试车就好了。

汽车销售人员：张先生，看来您真的很忙，不过忙是好事，忙说明您的生意好，事业旺嘛。您想今天试驾也行，您告诉我一个您方便的时间，我把车开过去，让您试一试？

客户：这样啊，那你下午五点过来吧。

情景2：促销优惠

汽车销售人员：张先生，您还记得上一次您试驾的那款 16 万元的车不？

客户：当然记得呀，你当初要是能便宜 1 万元，我当场就把那款车提走了。

汽车销售人员：呵呵，那我如果告诉您，现在只需要 8 万块就能开走这款车呢？

客户：你跟我开玩笑吧？

汽车销售人员：是真的，这款车现在有一项优惠活动，您只要先付一半车款，剩余的一半车款可以分 12 个月支付。您也看得出来，这样的活动我们店方还是要担很多风险的，所以，名额是有限制的。

客户：真的？那你给我争取一个名额，我明天上午就过去看看。

情 景分析

汽车销售人员跟进工作的最主要目的不是拿订单，而是吸引客户回到店里，或者同意参与试乘、试驾体验。因此，销售人员在对客户的意向以及近期的选车行动有了全面了解之后，就应该给对方一个"重磅"的理由，引起客户的兴趣和购买欲望，从而为再次洽谈创造机会。

错误提醒

汽车销售人员不能为了吸引客户，信口许下无法兑现的价格或者优惠承诺，客户一旦发现被欺骗了，会对整个店方产生反感甚至是愤怒。

汽车销售人员：张先生，您上次不是说如果我们给您打 9 折，您就会定一款车的吗？

客户：是呀，上次你们经理不是说了不行了吗？

汽车销售人员：您再过来看看吧，9 折也许有可能呢。

技 巧展示

汽车销售人员要想吸引准客户再度光临，最重要的是能拿出一个"重磅"的有足够吸引力的理由。销售人员应综合考虑客户不同的需求层次、消费理念和经济水平，再决定选择什么样的"重磁"话题和理由来吸引客户回到销售现场。"重磅"理由的内容如下图所示。

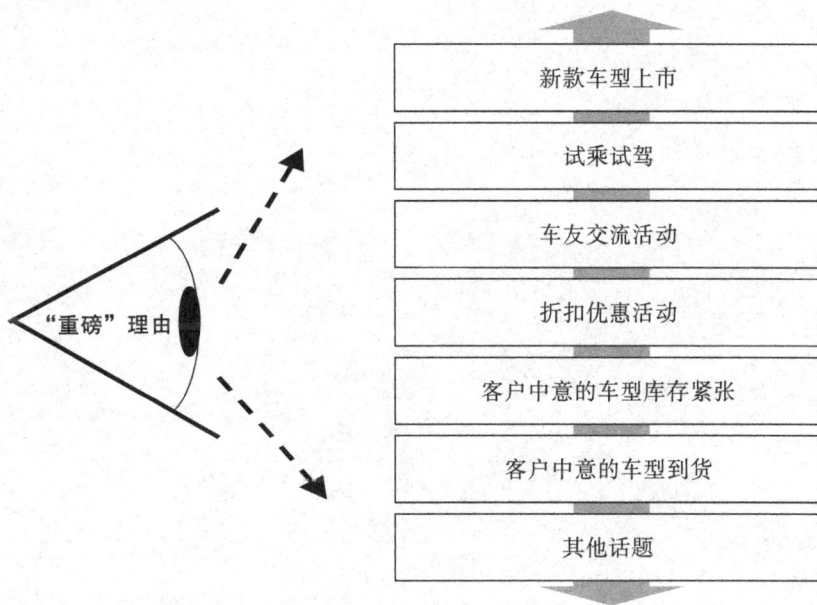

"重磅"理由

新款车型上市
试乘试驾
车友交流活动
折扣优惠活动
客户中意的车型库存紧张
客户中意的车型到货
其他话题

Chapter 6

第6章

签单：无方法，不成单

无论汽车销售人员前期做了多少工作，与客户之间建立了多么友好密切的关系，如果销售人员不主动建议签约，而客户又没有果断决策的话，前期的工作做得再好也无法取得最终的销售成果。因此，汽车销售人员要善于捕捉促成客户购买的最佳时机和稍纵即逝的购买信号，善于主动创造成交的气氛和机会，并针对不同类型的客户采取不同的方法和技巧，促使客户做出签约购买的决策。

汽车销售人员工作日志

客户看起来对我推介的这款车非常满意，可是他就是迟迟不做决定，会不会是还有什么顾虑呢，或者还有不满意的地方……

客户很认真地听了我对一款车的介绍，似乎也没什么顾虑和问题了，于是我问客户要不要今天就买下来，他忙摆摆手说"再看看"，这是怎么回事呢……

客户很喜欢一款车子，也没有其他的异议了，但是我向客户提出下订金的建议时，客户却又犹豫起来……

客户同时看上了两款车，怎么比也挑不出哪款更好，比来比去就是下不了决心……

客户对车子很满意，就是希望能打点折，降一点价，只要我能给出优惠，他今天就买下来，我应该让价吗……

情景 53　直接促成法

实 景再现

汽车销售人员：张先生，您也亲身试驾过了，觉得这款车怎么样？

客户：唔，这款车你确定十天后可以提车吧，不会让我等上好几个月吧？（购买信号）

汽车销售人员：呵呵，您放心，十天之后可以提车。

客户：我只喜欢车身灰色的这款，还有内饰一定要是深色调的，这也没问题吧？（购买信号）

汽车销售人员：没问题。张先生，您之前提过，要分期付款购买，是吧？

客户：嗯。分期付款压力要小一点。

汽车销售人员：您既看重品质品位，又懂得平衡，真是个难得的理性的人。您打算首付付几成，分期想分几年呢？

客户：首付付六成吧，剩下的钱两年还清的话，你帮我算算月供吧。

汽车销售人员：这款车总价是＿＿＿万元，贷款额是＿＿＿万元，包含保险费用、上牌杂费以及第一个月的月供款的话，首付一共是＿＿＿万元，每个月的月供是＿＿＿元。您看看这份费用明细表……

客户：嗯，这不错。我担心啊，现在我交了钱，但如果十天后你们交不了车，或者交了车，但是有毛病，那怎么办啊？（购买信号）

汽车销售人员：这个您放心，我们在合同里都一一写明了，来，我们来看看合同，我跟您详细说说比较重要的一些条款吧……您看，合同我解释得清楚吗？您还有没有什么问题呢？

客户：明白了，基本上没什么问题了。

汽车销售人员：那么，张先生，您需要在合同这个位置上填写一些信息……

情 景分析

通常情况下，大多数的客户在最后要做出购车决策时往往会再三斟酌，即使他们对某款车非常喜欢，一般也不会果断地、主动地提出签约购买的要求，但是，客户对产品的这种强烈意向总会通过语言或者神情表现出来，这就是购买信号。

这种信号很可能转瞬即逝，因此，汽车销售人员一定要能够敏感地捕捉到客户的购买信号，并及时把握时机，引导客户做出最终决策。在最后关头，客户会提出很多细微琐碎的顾虑与疑问，汽车销售人员必须耐心、细心地一一解答，在确认客户的问题与异议都得到了彻底的解答后，再顺势、自然地提出成交的建议。

😞 错误提醒

错误 1：当洽谈进入最后阶段时，汽车销售人员要对客户的语言与神态动作保持高度的关注，绝对不要放过客户表现出来的任何一个购买信号。客户有可能在整个洽谈中只暴露一次这样的信号，如果销售人员忽视了，就很可能错过最有利的成交时机。

汽车销售人员：您觉得这款车怎么样？

客户：你能保证我一个月后可以提到车吗？

汽车销售人员：是的。

客户：你看，价格上不能再低一点吗？

汽车销售人员：这个我之前已经跟您说过，价格不能再低了。

客户：好吧，我知道了，我再想想，要是想好了，我给你打电话……

错误 2：主动建议成交是汽车销售人员必须具备的一种意识和技能，不会向客户提出成交要求的销售人员，就好比瞄准了目标却不敢扣动扳机的射手一样，永远难以取得最后的销售成果。汽车销售人员不要抱着坐等客户做决定的心理来做销售，主动一点，机会才会到来。

客户：这一款车有没有红色的现车？我不喜欢黑色，感觉有点笨重。

汽车销售人员：有的。（被动应答）

汽车销售人员：先生，如果我能拿出一款红色的现车来，您今天定下来没有问题吧？（主动建议成交，增加成交机会）

技 巧展示

技巧 1：直接促成法的意义与步骤

直接促成法又叫开门见山法，是指汽车销售人员在充分肯定客户的意向的前提下，解决了客户主要的异议与问题后，顺势向客户提出成交建议的方法。直接促成法适用于老客户、有丰富的汽车知识和经验的客户、善于理性思考和分析的客户，这种方法的优点是快速高效；缺点在于，如果应用时机不当，容易给客户造成很大的压力，破坏成交的气氛。

直接促成法可以分成明显的三段式，如下表所示。

直接促成法的三段式	示例
第一步：确认客户对车子的看法和满意度	您看这款车还满意吗 您看需要我为您介绍一下其他的车型吗
第二步：询问客户存在的异议和问题	您现在还有什么顾虑吗 对这款车，您是不是还有什么担心的地方
第三步：提出成交建议	您是打算一次性付款还是分期付款呢 我们一起来看看合同条款吧

技巧 2：胜利就在于再坚持一下

冯两努曾经谈过他女儿的一个故事，一天，他正在工作时，小女儿走过来问他要 50 元零花钱，他头都没抬就拒绝了。过了一会儿，女儿又走过来，仍然是要 50 元，他挥挥手又拒绝了。第三次，女儿走过来，拉他的衣袖，再一次要求他给 50 元零花钱，这一次，冯两努给了。

这是一个非常简单的小故事，很多汽车销售人员在小的时候甚至也有过这样的经历，关键是，销售人员在客户面前是否有这样的勇气呢？是否能不停地向客户提出成交请求呢？当客户拒绝时，销售人员是否有再尝试一次的勇气呢？

汽车销售人员成功签单的技巧就在于，永远比客户的拒绝多请求一次。

情景 54　假设促成法

实 景再现

汽车销售人员：张先生，这款车您觉得中意吗？

客户：呵呵，不错，我很喜欢。它的越野性能很不错。（购买信号）

汽车销售人员：是呀，这款车有着优越的越野性能，内部空间也非常宽敞，您平时经常有户外的活动，它真的挺适合您的。我们来确定一下内饰吧，您比较喜欢深色调的是吧？

客户：是的。

汽车销售人员：您看要不要给爱车加上导航呢？

客户：这倒不用。你们是赠送一年的车险，对吧？

汽车销售人员：没错，张先生，这个在合同里也注明了，我们一起来看看合同吧……

情 景分析

汽车销售人员如果能够确认客户对产品很满意，并且没有其他的异议或者疑虑，那么可以采取"假设促成法"，假设客户已经购买，进而商讨具体的购买细节问题，例如内饰选择、装饰选择、车险、合同等。客户如果没有明确提出反对意见，也就相当于默认了购买决议。假设促成法比较温和委婉，不会给客户带来太大的压力，即使客户对成交提出了反对意见，销售人员也有回旋的余地，可以继续探询对方的想法，并一一排除成交的障碍。

😞 错误提醒

错误1：汽车销售人员提出成交的请求时，要留心措词，不要给客户造成太大的心理压力，例如，"买""全价""交订金""付钱"这一类词语会让客户意识到购车将要付出一大笔钱，在这样的刺激下，客户很可能冷静下来，再次权衡思考，甚至会拖延购车的决定。

错误2：假设促成法的前提是客户对汽车销售人员推荐的车型确实比较喜欢，并且形成了一定的购买意向。如果客户压根就不喜欢这款车，销售人员就不应该急于求成，硬性推销。

汽车销售人员：张先生，我觉得这款车非常适合您，您看要不今天定下来吧？

客户：我看看再说。

汽车销售人员：张先生，好车不等人啊，我认为这款车是最适合您的，您如果没有带够钱的话，先交一部分订金也可以的。

客户：关键是我一点都不喜欢这款车啊，定什么定啊！

技 巧展示

技巧1：假设促成法的注意事项

假设促成法是指当客户意向明显并且不存在重大的异议时，汽车销售人员先假设客户一定会购买，在此基础上与客户讨论一些交易中或使用中的细节问题，从而推动客户购买的一种方法。这种方法是以假设为前提的，因此不会给客户太大的压力，即使客户拒绝了，销售人员仍然有回旋的余地。假设促成法对老客户、熟客户，以及个性随和、依赖性强的客户比较适用。

在使用假设促成法时，汽车销售人员需要注意以下几点。

1. 巧妙转换用词，让客户真正陶醉其中，把自己当成汽车的主人，例如，不使用"这款车"，而是使用"您的爱车"；不说"我建议您"，而是说"您打算"。这样一种词眼的转换，对客户心理是一种积极的暗示。

2. 在提出假设成交的建议时，汽车销售人员要注意保持自然，不要让客户感觉到销售人员是在催促其做购买决定。常用的假设促成话术如下所示。

"先生/女士，您打算为爱车选什么风格的内饰呢？"

"先生/女士，国庆节快到了，开着您的爱车带孩子去郊外玩一玩，他一定会很高兴的，您说呢？"

"先生/女士，您是打算分期付款是吧，我给您算一下……"

技巧2：识别客户的成交信号

当客户对一款车非常中意时，即使客户刻意掩藏这种喜爱，他们的语言、表情、行为也会在心理作用下产生微妙的变化，这些就是客户的购买信号。客户发出的这种信号对汽车销售人员来说就像发令枪一样，一旦发现信号，销售人员就应该把握住机会迅速出击，主动引导客户成交。

客户的成交信号	具体表现
语言信号	1. 客户询问汽车产品的细节，例如油耗、发动机、内饰、分期付款方案等 2. 客户询问其他客户的信息与购买情况 3. 客户坦诚告知其财务情况以及支付能力 4. 客户对汽车销售人员的专业或其他素质表示赞赏，并主动拉近双方关系 5. 客户的话题开始集中于某一点或某一方面，例如询问购买之后每年具体的养车费用、询问目标车型与其他同级别汽车的价格差别等 6. 客户征询同伴的意见或者与同伴进行讨论 7. 客户不断认同汽车销售人员的意见和解释 8. 客户询问折扣优惠的政策或者频频要求价格让步 9. 客户对售后的具体事项表示关注并提出细节问题，例如售后维修的收费情况、提车日期、验车手续、牌照办理手续等

（续表）

客户的成交信号	具体表现
行为信号	10. 反复、仔细地翻看合同以及其他资料 11. 仔细查看分期付款方案 12. 积极参与到谈话中，不断点头，对汽车销售人员的话语及动作很关注 13. 坐着的姿态由前倾转为后仰，身体和语言都变得轻松 14. 倾斜身体，靠近汽车销售人员，以便认真倾听销售人员的话语 15. 突然用手轻敲桌子或身体某部位以帮助自己集中思路 16. 突然认真地直视汽车销售人员 17. 突然变得沉默不语 18. 不再提问，进行思考 19. 双手不再抱在胸前
表情信号	20. 皱着眉头，进入思考或者犹豫状态 21. 表情由冷漠、深沉转为自然、亲切、随和 22. 眼睛转动由慢变快、眼神发亮而有神采 23. 由若有所思转为明朗轻松 24. 听汽车销售人员介绍产品时瞳孔放大、眼睛发亮

情景55　选择促成法

实景再现

汽车销售人员：张先生，您比较喜欢手动的，还是手自一体的？

客户：手动的，我习惯了。

汽车销售人员：您刚刚试车的时候，我就猜到了，像您这样车技精湛的，肯定比较偏爱手动挡的。这一款车有红、黑、灰三种可选颜色，您更喜欢哪一种呢？

客户：黑色的，黑色的车看着沉稳大气，无论什么场合都挺适合。

汽车销售人员：是呀，黑色是永远不过时的经典颜色，很多像您这样的精英白领都钟情黑色。那么您倾向于一次性付款，还是分期付款呢？

客户：我想先付六成的首付应该没问题的。

汽车销售人员：剩余的车款您想分成一年，还是两年还清呢？

客户：分两年的话，每个月的月供是多少啊？

汽车销售人员：您稍等，我帮您算一下，分两年的话，每月的月供是____元。以您的经济能力和发展前景，这笔投资是完全可以承受的，没错吧？

客户：分期的话，压力小一点，毕竟我现在还在还房贷，生活可不轻松。

汽车销售人员：呵呵，是呀，但是有了一款车，不仅方便了您和家人的工作与生活，更会提升生活的品质和档次。以后的每一个周末，每一次长假您都可以与家人一起自由地去想去的地方了。您的奋斗不就是为了家人更好地生活吗，您说是吧？

客户：（沉默）

汽车销售人员：张先生，我们库房现在有现车，您今天就可以开着现车回家呢……

情景分析

客户在进入最后成交阶段后，往往会在买与不买、现在买还是以后再买之间犹豫不决。这就需要汽车销售人员能够主动地提出成交细节的若干方案，让客户可以轻松地做出选择。一般来说，在进行问题设置时，销售人员不要给客户太多的可选方案，两到三项就足够了。无论客户选择哪一个方案，都等于默认了购买。在运用选择促成法时，销售人员一定要保持自然的神态和语调，让客户感觉自己是在自由地、自主地做决定，而不是被圈定在某个范围内被动地做选择。

错误提醒

错误1：汽车销售人员要通过前期的沟通不断缩小客户的选择范围和意向车型，这样才能更加深入地了解客户的真实想法。在使用选择促成法时不要给予客户太多的选择，否则只会让犹豫的客户更加犹豫，让成交更加困难。

汽车销售人员：张先生，您看，我们这五款车各具特色，您更喜欢哪一款呢？

客户：我都挺喜欢的。

汽车销售人员：您最看好哪辆呢？

客户：这五款车都挺不错的，我再考虑考虑吧……

错误2：选择促成法从根本上来说是汽车销售人员在主导和引导客户，客户是处在一个比较被动的位置的，但是，销售人员绝对不能让客户感觉到这种被动，在交流时应充分地尊重客户，让其可以愉悦地做出选择。

汽车销售人员：张先生，我们这款车有红、灰、黑三种颜色，您选一种吧。

客户：没有其他颜色吗？

汽车销售人员：没有了，就这三种，您看要哪种？

客户：我再看看……

技 巧展示

选择促成法是指汽车销售人员为客户提供几种可选择的方案，无论客户选了哪一种，都意味着对成交决定的默认。选择促成法适用于缺乏决断力、性格优柔寡断的客户。从表面上看，选择的主动权似乎掌握在客户手中，但事实上却是客户没有选择"买"还是"不买"的权利，而只有选择"买这个"还是"买那个"，或者"这样买"还是"那样买"的权利，这是一种必然导致成交的选择。常用的选择促成法的话术如下所示。

"您喜欢灰色的车身颜色呢，还是黑色呢？"

"您想为爱车选择深色调的内饰呢，还是浅色调的？"

"您打算付全款呢，还是分期呢？"

"您希望分期分几年呢？一年，两年，还是三年？"

"您喜欢手动挡还是自动挡呢？"

情景56　让步促成法

实 景再现

汽车销售人员：张先生，您看这款车还有什么问题吗？

客户：其他问题我没有了，我跟你讲了这么久的价，你好歹再给我便宜点嘛。

汽车销售人员：张先生，刚才您要求打9.6折，我找经理申请了三次，他才肯特事特办给您特别优惠。9.6折确实是我们的最低价了，您如果信不过我，我可以带您去看我们这一星期签的所有单子，要是有比9.6折更高的折扣，让我送您一款车都没问题。

客户：小李，你再去问问嘛，再低一点，我今天就买了。

汽车销售人员：您确定今天能定下来吗？您如果能定下来，我也有底气跟经理谈呀。

客户：没问题。

汽车销售人员：那我去请经理过来谈一谈，您稍等……

经理：张先生，刚刚小李把您的情况跟我说了。您一看就是个爽快人，我也不跟您绕弯子，9.6折这个价确实是最低了，其他店里这款车基本上都是不打折的。

汽车销售人员：经理，张先生是我一位老客户的好朋友。他住在××区，家门口就有一家4S店，可是张先生还是大老远地跑来我们店，这都是第二次来了，很有诚意的，您能不能再给一点优惠呢？

经理：是这样啊。张先生，感谢您这么信任我们店。冲您这份诚意，我们店就是不挣钱也要交您这个朋友。跟您说实话吧，9.6折确实是我们的底价了，其他客户买车时最多只能拿到9.8折。要是可以降价，可以留住您，我早就给您降价了。这样吧，我们赠您一年的车险，价值3 625元，算是我们店的一份诚意。您看这样行吗？

汽车销售人员：张先生，您买车是肯定要上车险的，我们赠您车险，不仅节省了您的费用，而且以后理赔也更方便一些。您看，刚刚在您之前买车的那两位客户都是自己花钱上的车险呢。

客户：这样啊，那好吧。

情 景分析

在最后的成交阶段，很多客户都会据守在价格和优惠的问题上，不获得实质性让步绝不轻易答应购买，这种情况下，客户与其说是想获得价格实惠，不如说是为了赢得砍价的愉悦感和满足感。因此，如果能确定客户的购买意愿，销售人员可以做出合理的、少许的让步，让客户"心满意足"。无论让步多少，汽车销售人员都必须向客户传达两点信息：一是销售人员付出了巨大努力才争取到让步，二是让步后的价格是确确实实的最低价，绝对不可能再降价了。这样，客户才会适可而止，终止砍价，做出购买决策。

😞 错误提醒

错误1：让步不能太爽快，爽快的让步只会让客户对价格生疑，进而要求更大的让步。

客户：我昨天去了一家店，他们给我的底价是18.5万元，你要是也给这个价我就买。

汽车销售人员：行吧，那就依您说的，18.5万元。

客户：你这么爽快就同意了？不会是价格还有水分吧？再便宜两千，我立马交钱！

汽车销售人员：……

错误2：汽车销售人员一定要明确自己在价格让步上的权限与底价，不能为了达成交易牺牲利益，过分地让步。

客户：我是个爽快人，话不多说，打个9.5折，怎么样？

汽车销售人员：9.5折这样的低价我做不了主，这得问我们经理。我想经理也不会同意这么低的价格的。

客户：9.5折吧，要是行，我现在就跟你去交款。

汽车销售人员：那好吧，就给您9.5折。

技 巧展示

让步促成法是指汽车销售人员以价格上的让步或者给出某些优惠条件，促使客户即刻做出购买决定的办法。运用这一方法时，汽车销售人员要注意以下几点。

1. 明确自己可以控制的折扣权限，不能滥用折扣，如果超出权限，必须向店内相关负责人申请。

2. 在客户未交订金或者未做出购买的承诺前，不要轻易让步。客户要求折扣时，销售人员可以反过来请客户先交一部分订金，然后再做出适当让步，例如：

"先生/女士，您看能不能先付一点订金，这样经理会认为您很有诚意，我也好跟他提出您的要求，您说行吗？"

"先生/女士，上次有一位客户非要9.6折，我找了经理四次才把优惠批下来，但最后这位客户还是不满意。您要求9.5折我真的很难跟经理开口，您看要不这样，您交一点订金，这样我也好跟经理谈，如果9.5折的优惠批不下来，我们再退还您的订金，您看行吗？"

3. 要控制让步的幅度和成本，例如，客户希望能优惠，销售人员可以尝试用赠品来抵折扣。

4. 为了让客户意识到优惠的"来之不易"和价格的"不可再降"，汽车销售人员可以与经理配合，经理"唱白脸"，销售人员"唱红脸"，这样客户会更珍惜最终落实下来的优惠，也会增加对销售人员的好感与信任。汽车销售人员可以这样"唱红脸"：

"经理，这位先生/女士是我的老客户介绍的，刚刚已经交了订金，我这位老客户已经为我介绍了好几位朋友了，我觉得应该特批一个优惠价格，您一定要考虑一下。"

5. 让步后请求客户不要向其他业主或客户泄露优惠，从而让客户更加相信价格的真实性。例如：

"先生/女士，您也看到了，这个价格是我们经理特批的，您不能和其他客户或朋友讲您买车的这个价格，不然我们老客户都会上门找麻烦的，您看可以吗?"

情景57　利益促成法

实景再现

情景1：

客户：这款车是不错，但是相同的配置，A 品牌的车要便宜很多呢。

汽车销售人员：张先生，A 品牌的车确实比较便宜，但是我猜，现在您的第一选择肯定不会是 A 品牌。

客户：为什么?

汽车销售人员：因为您现在买车最看重的不是价位，而是品质与品位。您和太太的工作都非常优越，即使在这样的一线城市，您一家的生活水平也完全可以说是处于中高层次的。在平时的工作中，您接触的也都是精英人士。即使您不用座驾来标榜自己，别人也会用您的爱车来衡量您。所以，您需要的是一款能够体现品位与档次的车，我们这款车知名度很高，很多大企业在为公司购置高级商务车时都选择了我们，例如××公司等。有这样一款爱车，您在任何场合都不会失面子的。您说呢?

客户：（沉默）

汽车销售人员：张先生，我们库房有现车，您比较喜欢什么颜色……

情景2：

汽车销售人员：张先生，您不想今天就把这款车开回家吗？

客户：我是想呀，但是，你们这款车为什么从来不打折呢？

汽车销售人员：这款车不打折，是因为它的服务从来不打折。现在大多数的汽车售后服务期限一般是2年，但是我们这款车是4年，就这一条，就可以为您节省2~3倍的养护费用。而且，以您的能力，将来肯定会发展得更好，两三年后换车是必然的，那个时候还在售后服务期限内，将车转手，保值率比其他车要高得多。这款车不打折，还有一个原因就是它的品质与口碑，它畅销了十多年，没有品质保证，是不可能有这么强盛的生命力的。您也一定想买一款放心车、安心车，是吧？

客户：唔……

汽车销售人员：张先生，这款车我们库房就剩下一辆了，我们去看看吧……

情 景分析

汽车是大件贵重商品，购车是一笔不小的投资，因此，客户在做最后决定时，最关注的还是车子本身的价值与利益，而其他的一些因素，例如降价、促销、折扣等只能起到锦上添花的作用。所以，汽车销售人员在确定客户对某款车确实有较为强烈的意向后，可以直入主题，有重点地强调汽车的卖点、价值、利益与优势，让客户再次感受到产品的"物有所值"甚至是"物超所值"，从而快速地做出购买决定。

错误提醒

汽车销售人员在运用利益促成法时要注意两点：第一，不要将产品的所有卖点——进行重复和强调，只需要重点提炼客户最关注的卖点，这样才能给客户留下最深刻的印象；第二，销售人员在强调了产品利益并发出了成交请求之后，应该及时"刹车"，保持适度的、适时的沉默，不要再喋喋不休地强调各大卖点，要让客户利用这段短暂的沉默来回味、思考，并做出选择。

技 巧展示

利益促成法是指汽车销售人员以汽车的价值和利益来打动客户，促使对方采取购买行为的方法。从根本上说，客户购车是因为车子能满足自己的某些关键性的需求，所以，让客户不断地重温、体验车子的利益是引导成交的一种好方法。

运用利益促成法时，销售人员要注意以下几点。

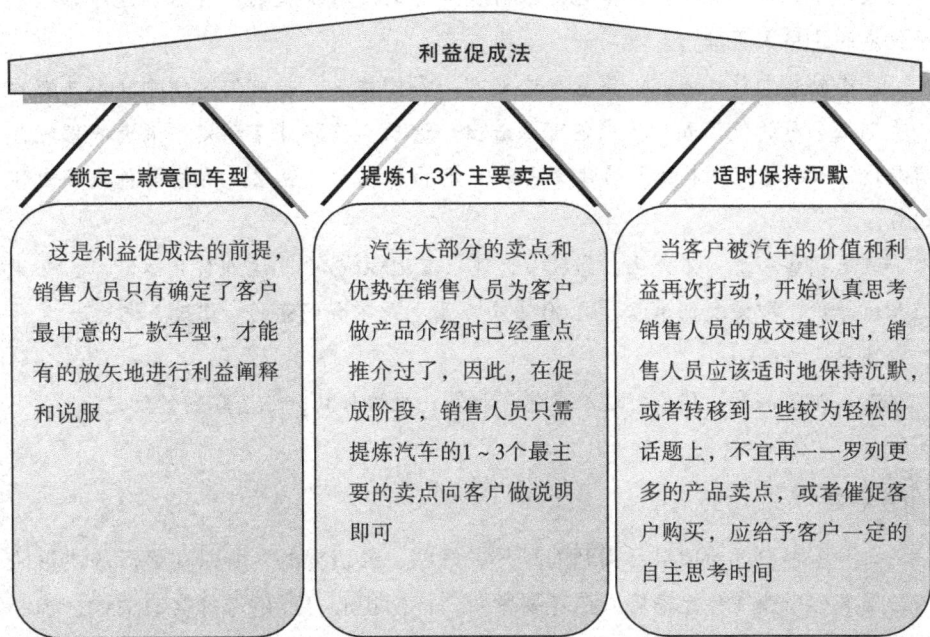

利益促成法

锁定一款意向车型	提炼1~3个主要卖点	适时保持沉默
这是利益促成法的前提，销售人员只有确定了客户最中意的一款车型，才能有的放矢地进行利益阐释和说服	汽车大部分的卖点和优势在销售人员为客户做产品介绍时已经重点推介过了，因此，在促成阶段，销售人员只需提炼汽车的1~3个最主要的卖点向客户做说明即可	当客户被汽车的价值和利益再次打动，开始认真思考销售人员的成交建议时，销售人员应该适时地保持沉默，或者转移到一些较为轻松的话题上，不宜再——罗列更多的产品卖点，或者催促客户购买，应给予客户一定的自主思考时间

情景58 对比促成法

实景再现

客户：你跟我说句实话，这款车现在是22万元，过几个月，它就不会降价吗？你们会不会卖20万元呢？（购买信号）

汽车销售人员：您是担心这款车以后会降价，是吧？

客户：就是啊。

汽车销售人员：您之前曾经详细地对比过我们这款车还有A品牌车，对吧？

客户：是呀，A车和你们这款车配置上差别不大，又都是欧系不错的品牌，所以我比较了很久。

汽车销售人员：最后您为什么选择了我们这款车呢？

客户：因为你们这款车在价位上便宜了 8 000 元嘛。

汽车销售人员：是呀，我们的价格不仅和 A 车比有优势，就是和市面上所有的同款车型比较，这车的价格也是很有竞争力的。所以我们不可能在这个本来就很优惠的价格上再降价。

汽车销售人员：还有，您看我这里有一份价格表，是我们这款车从去年年中一直到上个月的价位表，从中您可以看出，这款车价格非常稳定，最大降幅也没有超过 1 000 元，与市面上动辄优惠近万元的车相比，说它是价格最稳定的都不过分。

汽车销售人员：张先生，您放心，现在有近 30 万个车主在使用这款车，如果随意地降价，即使我们乐意，这 30 万个车主也是不会同意的。您说是吧？

客户：唔……

汽车销售人员：您看，这款车您是打算一次性付款，还是分期付款呢？

情 景分析

每一位客户都希望自己买到的车是最好的、最值得的，所以在最后的决策阶段，很多客户往往会比销售人员还要紧张，他们担心自己的选择会有失误，担心付款买车后会反悔。这时候，客户实际上是非常需要汽车销售人员的帮助来坚定自己的购买信心的。要让客户有这样的信心和决心，汽车销售人员可以将客户中意的车型与店内的其他车型或者其他品牌的车型做对比，最好能摆出具体的指标、数据或事实来为客户做全面的分析。自信是具有传染性的，如果销售人员对自己的产品十分有信心，这会使客户自己也觉得很有信心，客户有了信心，自然能迅速做出购买决策。

错误提醒

错误 1：汽车销售人员不宜选择具有明显竞争优势的车型来作为比较的对象，否则很容易弄巧成拙，引起客户对竞争车型的兴趣与关注。

汽车销售人员：张先生，您放心吧，我们这一款车绝对是同级别车型里价格最优惠的。您看 A 品牌的那款 B 车型，配置和我们差不多，但是价格要高出两千元呢。

客户：你是说 A 品牌今年上市的那款车型只比你们贵出两千多元？我留意那

款车很久了，一直没机会去试试呢！那款车在网上的评价很高的……

错误2：汽车销售人员在运用对比促成法时不能含含糊糊、支支吾吾，这样不自信的态度是根本说服不了客户的，反而会让对方更加犹豫，更加难以下定决心。

客户：我现在很犹豫，不知道是该选你们这款车呢，还是选A品牌的车。

汽车销售人员：我觉得您还是选我们这款车比较好一点吧，A品牌的车好像比我们要贵出一两千块，配置上好像跟我们的没有多大差别吧？

客户：但是人家的品牌比你们要响亮呀。

汽车销售人员：是……是这样，但是我们这个品牌也是不错的呀……

技 巧展示

对比促成法主要是通过具体、深入的对比来坚定和加强客户的购买信心。同一款车不同时期之间的纵向对比突出的是即刻购买的优势，而不同车型之间的横向对比突出的是购买本款车的优势。运用对比法时，汽车销售人员要注意以下两点。

1. 可控性
对比时尽量选择客户已经放弃的、不太感兴趣的或者处于明显劣势的车型，这样可以防止客户通过对比"见异思迁"，转向其他品牌和车型

2. 真实性
进行对比时汽车销售人员应该拿出具体的、可信的数据或者事实，让客户确信这种对比是真实的

对比促成法

情景59 实例促成法

实 景再现

客户：这个款型的车你帮我预留一辆吧，我明天取了钱再过来买。

汽车销售人员：张先生，您是真打算订这款车吗？

客户：是呀，我都来看了两回了，就这款。

汽车销售人员：张先生，如果您决定了要订这一款，我建议您今天交一部分订金，明天直接来提车。前天，我就有一位客户吃了亏。他看中了一款车，叮嘱我给他留一辆，第二天就来买。哪知道那天中午我出去吃了顿午饭，回来就发现我同事把这款车卖给了另一位客户。这款车在库房就剩下一辆了，再想提车要等一个多月。我那位客户见提不到车，狠狠把我说了一通，只好预订下一批车了。这件事说到底，还是我工作没到位，没有提醒他一下。所以，我建议您可以先将车订下来，现在库房还有两辆，您可以挑选一款，就算明天您来时，又不想要这款车了，那也没关系，我们可以退您订金。您选车已经选了将近四个月了，碰到自己喜欢的车不容易呀。

客户：那要交多少订金呀？我随身也就带了 1 000 元。

汽车销售人员：1 000 元做订金也是可以的。

情景分析

在最后一刻，打动客户、促使他们做出决定的往往不是汽车销售人员理性的介绍与分析，而是带有情绪色彩的一句话、一个案例或一个故事。销售人员如果可以为客户举一个比较可信的实例，或者是对方亲眼目睹、亲身经历的一个事例，那么，客户更容易被说服，也更容易做出决定。

错误提醒

错误 1：不要举风马牛不相及的例子，例如，客户想买的是售价 5 万元左右的微型车，而销售人员却一直在谈某位客户一掷千金、购买豪车的例子，这样非但不能打动客户，反而会让对方觉得销售人员是势利眼，只看得起买豪车的，看不起买普通车的。

错误 2：汽车销售人员不要举盲目夸大的例子，不要忘记，客户也是有判断力的。

客户：你们这款车销量怎么样？

汽车销售人员：这款车啊，卖得很不错啊，我们店一天卖个 3～4 辆不成问题。上午有一位客户一连提走了两辆呢。

客户：怎么可能，昨天我打电话到你们店，你们说这款车只剩下一辆了，今天上午怎么可能提走两辆呢！

技 巧展示

实例促成法是指汽车销售人员利用其他客户的故事、事例来说服客户，影响客户的决策的方法。当列举的事例越真实、越可信，与客户的现实处境越相关、越相似时，实例促成法成功的概率也就越大。

在运用实例促成法时，汽车销售人员要注意以下几点。

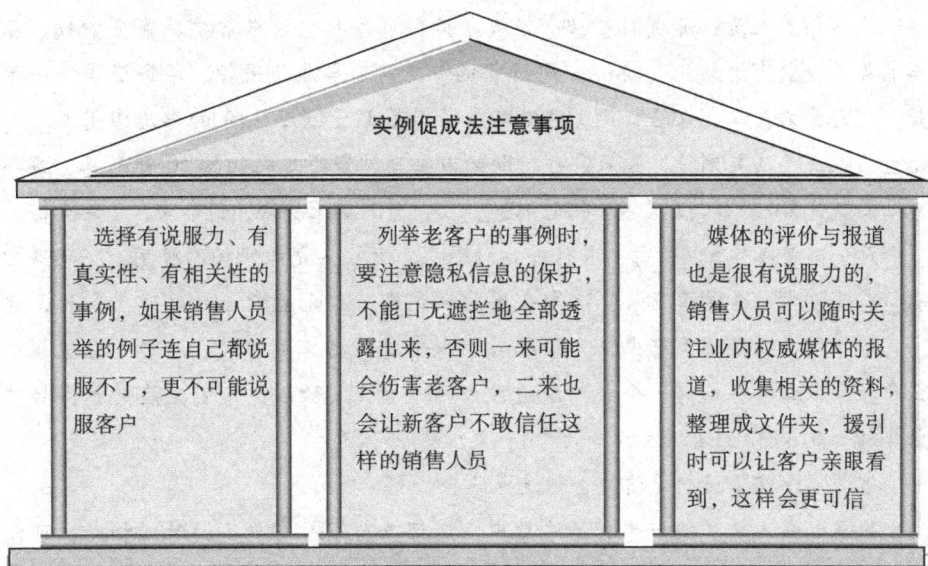

实例促成法注意事项

选择有说服力、有真实性、有相关性的事例，如果销售人员举的例子连自己都说服不了，更不可能说服客户	列举老客户的事例时，要注意隐私信息的保护，不能口无遮拦地全部透露出来，否则一来可能会伤害老客户，二来也会让新客户不敢信任这样的销售人员	媒体的评价与报道也是很有说服力的，销售人员可以随时关注业内权威媒体的报道，收集相关的资料，整理成文件夹，援引时可以让客户亲眼看到，这样会更可信

情景60　细节促成法

实 景再现

张先生先后三次光临展厅，经过了三次试驾，最后选好了一款车，但就在汽车销售人员为张先生详细解释了合同条款准备请对方签字的时候，张先生又沉思了起来……

汽车销售人员：张先生，还记得您第一次来试车是在三月份，您试了 A 车，觉得它的操控性不是很合意，所以放弃了；第二次是在五月份，您试了这款车，当时感觉不错，您说要跟其他品牌同价位的车比较比较再决定；这一次，您还是要求试驾这款车。通过这三次试驾，我觉得您是一个非常理智、非常沉稳的人，我赞成您这样的作风，只有这样选车，才不会后悔。（细节）

客户：呵呵，真想不到你连三月份的事都记得这么清楚。

汽车销售人员：这是我们应该做到的。只有记住这些，我才能为您提供更好、更满意的服务嘛。张先生，您现在还有什么担忧，不妨跟我说说。

客户：我有好几个朋友都是买得起车，养不起车，我担心把车买下来了，到头来也养不起车呀。

汽车销售人员：那我们可以一起来分析一下每年这款车需要花费多少钱。养车的费用一般有这么几大块：一是国家税费，例如车船使用费、年审费等，一年是＿＿＿元左右；二是保险费用，这款车市场价是12万元，一年的车险费用在＿＿＿元左右；三是油耗消费，如果每年行驶两万公里，百公里耗油按10升来算，每年耗油大概是2 000升，现在92号汽油是＿＿＿元/升，加上机油、刹车油，费用大概是＿＿＿元；四是停车费用，每个月保守估计是＿＿＿元；五是维修保养费用，一年通常在＿＿＿元左右。这样算下来，这车每年的开销在＿＿＿元左右。对普通人来说，这个花费很大，但是对于您来说，仅相当于一个半月的工资收入。而且，您现在这么年轻，又工作在这样一个成长潜力巨大的平台上，所以，您完全能够养得起这款车的。您说呢？（细节）

客户：呵呵，虽然是这样，但是也不轻松啊。

汽车销售人员：想一想有了这款车，您可以与家人有更多的时间相处，可以带着妻子孩子自由自在地去远方旅游，这样的生活应该是每一个三口之家的梦想，您说对吗？

客户：是呀。

汽车销售人员：今天我们就把车订下来吧，再过两天就是小长假了，您打算带孩子去哪里玩一玩呢……

情 景分析

细节决定成败，客户选车的过程中会接触很多的销售人员，听很多次的产品介绍，谁能给客户留下最深刻的印象，谁就最可能获得客户的订单，而细节是加深印象的最好方式之一。汽车销售人员在成交的最后环节，不妨跟客户谈谈用车时的具体使用成本、谈谈售后的精细流程与周到服务、谈谈客户所选车型的特色以及保养时的注意事项等，通过这些细节工作来感动客户，让客户感觉到销售人员不仅售前很热心，售后也会很负责，这样，客户自然会放心地购买。

技 巧展示

细节促成法是指汽车销售人员在最后的促成关头，平心静气地与客户讨论客户关心的细节问题，例如交车时间、合同文本、养车费用、售后维修流程与收费标准、磨合期用车的注意事项、上牌照的流程与方法等，以细节来打动客户，让对方可以放心、安心购买。这种方法适用于谨小慎微、清醒理智的客户，而对于性格豪爽、不拘小节、风风火火的客户，就不太适合，跟这类客户强调细节问题只会令他们觉得买车很麻烦，用车也很麻烦，很可能吓走客户。

情景 61　最后一问法

实 景再现

客户：要是我今天在你们这里花 12.8 万元买了这款车，过几天我发现别的店售价更便宜，那我不是亏大了？

汽车销售人员：张先生，除了这个问题之外，您还有没有其他的顾虑呢？

客户：我就担心这点。

汽车销售人员：那就是说，如果这个问题解决了，就没有什么问题了，是吧？

客户：嗯。

汽车销售人员：这个价格我是很有信心的。我们店是本地最大的经销商，价格上可以保证最优。我给您报的价格是最优惠的折扣，是成本价，其他店不会有比我们更低的价格。如果您不放心，我们可以在合同中注明，如果两个月内您发现其他正规的店面销售的这款车型比我们的这个售价还要低，我们双倍返还您差价，您看，这样放心了吧？

客户：那行，我相信你，你拿合同来看看……

情 景分析

在正式做出购买决定之前，客户会犹豫不决，因此，会不停地提出问题和顾虑。汽车销售人员一方面对客户的异议点和疑虑要细细解答，另一方面，也要适时地、巧妙地阻止客户无休止地提出问题，这时就可以用到最后一问促成法，也就是假定客户提出的某个问题是成交的最后一个障碍，只要解决了这个问题，客户购车就不存在其他的阻碍。如果客户默认或者认可了这一点，销售人员再对这个"最后一问"进行解答，随后顺势提出成交的建议，客户如果不存在其他关键性的异议，一般都会正式做出最后决策。

😞 错误提醒

汽车销售人员使用最后一问促成法的前提是客户有明确的意向车型，其主要的异议和关键的疑虑都已经得到很好的解答。如果客户对汽车的兴趣与购买欲不是非常强烈，或者对产品和服务还有不理解、不放心的地方，这时候销售人员使用"最后一问"只会暴露出自己的急躁，令客户产生不满与不信任。

技 巧展示

最后一问法是指客户的各种实质性的、重要的异议和顾虑都得到合理的解释与处理后，汽车销售人员适时地抓住客户提出的某个问题，假定其为"最后一问"，解决完毕后立刻提出成交建议的方法。

运用最后一问法，销售人员要注意以下几点。

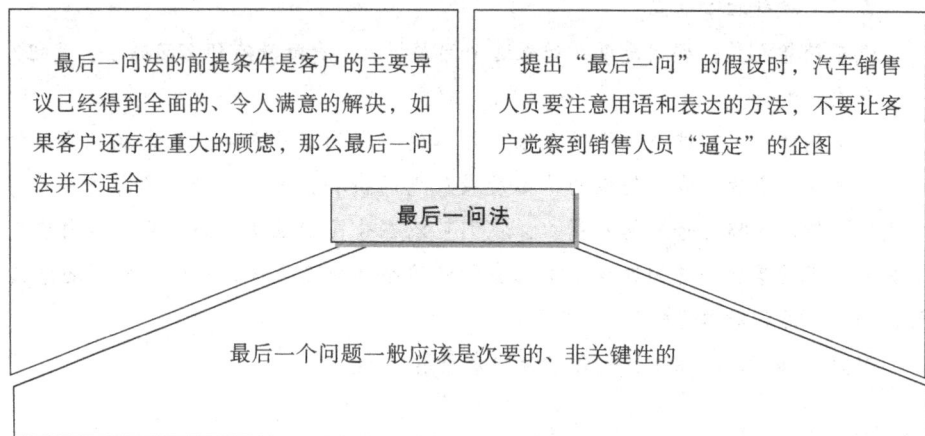

最后一问法的前提条件是客户的主要异议已经得到全面的、令人满意的解决，如果客户还存在重大的顾虑，那么最后一问法并不适合

提出"最后一问"的假设时，汽车销售人员要注意用语和表达的方法，不要让客户觉察到销售人员"逼定"的企图

最后一问法

最后一个问题一般应该是次要的、非关键性的

常用的最后一问法的话术如下所示。

"先生/女士，除了您刚提出的这个问题之外，您还有没有其他的担心呢？"

"先生/女士，这是不是困扰您的最后一个问题呢？"

"先生/女士，如果我能答应您的要求的话，您今天订车是不是就没什么问题了？"

"先生/女士，如果我能解决这个问题，您是不是就能做出决定了？"

"先生/女士，如果我们能在最后价格上达成一致的话，您还有没有别的顾虑呢？"

情景62 富兰克林法

实 景再现

汽车销售人员：张先生，前两次您来看这款车的时候就表示很喜欢，今天这么个大热天，您还不辞辛苦地过来，可见您对这款车是很看好的，只是下不了决心买下来，是吗？

客户：是呀，现在市场上车型这么多，要做个决定真的很难。

汽车销售人员：没关系。跟您聊天，我最大的感受是，您的思维非常缜密，很擅长分析，可能这是金融界人士的一种风格吧。我们可以一起来分析分析，看看现在买车对您来说有哪些有利的地方，有哪些不利的地方，这样，您也就更清楚现在值不值得购买了，您说好吗？

客户：这个主意有意思。

汽车销售人员：张先生，我们先来看有利的方面吧，我觉得买这款车对您有利的地方有这么几点：一、现在购买您可以享受到"半价提现车"的优惠政策，只需支付50%的车款，尾款一年内付清就可以了，这样您可以自由地支配资金，我相信以您在金融行业的经验和能力，这笔资金一定会有很不错的投资回报；二、现在是汽车销售旺季，正是促销优惠最多的时候，我们赠送的车险以及保养大礼到下星期就截止了，以后您买车自己上车险做保养的话需要多付出好几千元呢；

三、早买车早享受，还有不到一个月就到春节了，您可以带着太太孩子一起驾车回老家探亲，不用再受春运之苦了。我暂时想到了这三点，您觉得还有哪些是比较有利的吗？

客户：你说的都挺在理的。

汽车销售人员：那您也可以说说，现在买车有什么不利的地方呢？

客户：我怕这车过一阵还会再降价，再有就是，我现在还在还房贷，再买车经济上可能会吃不消，不过你们这个半价提车的活动倒是帮了我大忙，压力小多了。

汽车销售人员：是呀，我们当时推出这个活动就是考虑到了客户的生活和财务状况。至于这款车是不是还会再降价，您可以放心，我们店是有差价返还的承诺的。您看，现在我把买车有利的和不利的因素都列出来，您可以权衡一下。

有利因素	不利因素
半价提车，资金更自由 促销优惠，力度最大 早买车早享受，春节派上大用场	可能还会有降价 有房贷，买车有压力

客户：嗯，这样理一理，脑子清醒多了。

汽车销售人员：您看，哪个颜色您比较喜欢一些呢，是黑色、灰色，还是宝石蓝呢？

情景分析

有足够的经济实力购车的客户，很大一部分都是有工作经验、有丰富阅历的人，他们一般不会轻易冲动地购买，而是偏向于理性的分析与对比。对这类客户来说，销售人员生动形象的介绍以及郑重其事的承诺都不具备足够的说服力，如果销售人员能够运用富兰克林法，将购车对客户来说的利弊一一摆明，让客户可以直观清楚地去分析、去对比，这样，客户更有可能相信销售人员，从而做出买车的决定。

错误提醒

汽车销售人员要注意，在使用富兰克林法时，不要罗列太多的优点，更不要罗列太多的缺点，选择几条有代表性的进行说明就可以了，同时，不能忽视客户在其中的参与作用，如果是销售人员一个人自说自话分析出来的结果，即使再准确、再合理，也不太容易获得客户的认可。

技 巧展示

富兰克林法是指将产品的优势和劣势、对客户有利的一面和不利的一面分别罗列出来，两相对比，让客户可以清晰地做出判断，从而可以快速、理智地做出决定。使用富兰克林法，汽车销售人员要注意以下三点。

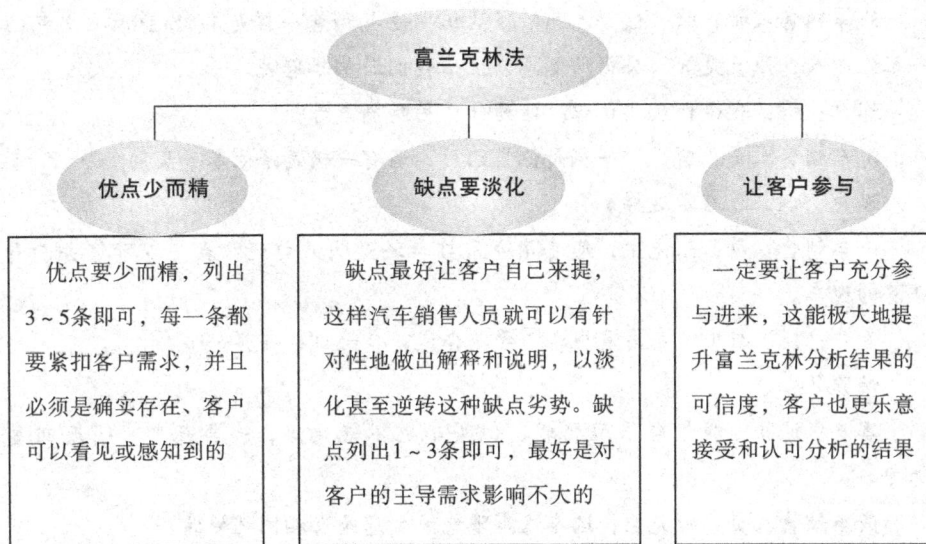

```
                      ┌─────────────┐
                      │  富兰克林法  │
                      └─────────────┘
        ┌───────────────────┼───────────────────┐
 ┌────────────┐      ┌────────────┐      ┌────────────┐
 │  优点少而精 │      │  缺点要淡化 │      │  让客户参与 │
 └────────────┘      └────────────┘      └────────────┘
```

优点少而精	缺点要淡化	让客户参与
优点要少而精，列出3~5条即可，每一条都要紧扣客户需求，并且必须是确实存在、客户可以看见或感知到的	缺点最好让客户自己来提，这样汽车销售人员就可以有针对性地做出解释和说明，以淡化甚至逆转这种缺点劣势。缺点列出1~3条即可，最好是对客户的主导需求影响不大的	一定要让客户充分参与进来，这能极大地提升富兰克林分析结果的可信度，客户也更乐意接受和认可分析的结果

情景 63　激将促成法

实 景再现

情景1：

汽车销售人员：张先生，看得出来您很满意这款车呀。

客户：是呀，这款车跟网上评价的一样，动力真不错。我今天回去再想想，要是没什么大问题，我明天来订车。

汽车销售人员：张先生，没关系，选车是应该多考虑一下。我们店这两天应该都能提到现车，上午有位客户直接提走了两辆，现在还有一辆。

客户：谁会一次提两辆车啊？

汽车销售人员：哦，这个人您应该认识，他也和您一样是 IT 行业很有名气的一位经理人，他就是××公司的赵总，上午我们还聊起您呢。

客户：哦，我跟他确实认识。他为什么买两辆车呀？

汽车销售人员：听说，一辆是他自己用，还有一辆是给他妻子买的。

客户：哦，原来是这样。

汽车销售人员：张先生，您看是今天订车还是明天订呢？我可以带您去看看库房的现车。

客户：呃，行吧，去看看现车，要是合适，今天订也一样……

情景2：

客户：这款车我觉得很适合我，但买车也不能急嘛，我再想想，明天回复你吧。

汽车销售人员：张先生，选车这事跟您做生意是有相同之处的。

客户：哦？为什么这么说呢？

汽车销售人员：您刚刚三十出头，却把生意做得红红火火，我想，这和您非凡的决断能力是分不开的。要是一桩生意合理、合法，成本合适，又能带来实际的利益，您肯定会当机立断把握机会的，是吧？

客户：这个是自然的。就像我去年接的一笔生意一样，那时候……

汽车销售人员：听您讲过去的经历真是让我学到不少东西。我觉得，选车就像您做生意一样，只要您真的喜欢，而且承担得起，那为什么不马上开着爱车回家呢？明天早上，您就可以载着孩子去学校；白天，您可以开着它出去谈生意；晚上，可以带上家人一起去一个安静的餐厅，一家人好好庆祝一下……我想，您这么辛苦地打拼，就是为了这份天伦之乐，对吧？

　　客户：呃……

　　汽车销售人员：我带您去看新车吧……

情 景分析

　　汽车销售人员大都有这样的经验：有些客户无论如何劝说都难以让他们做出购买决策，但是只要加以适度的刺激，客户反而会二话不说果断签约。选择什么样的话题和方式来刺激客户，关键在于销售人员对客户脾性的了解程度，只有找准了客户的要害，才能取得最佳的刺激效果。如果客户非常自信和强势，销售人员可以赞美他们的非凡决断力来促进对方的决策；如果客户非常喜欢某款车，销售人员可以强调产品的价值和利益，以及紧张的库存量来刺激客户；如果客户很爱面子，很看重地位与品位，销售人员可以例举其他客户的购买情况来激励客户。

错误提醒

　　汽车销售人员一定要把握好"度"，不要将激将法用成了激怒法，让客户有被轻视甚至是被羞辱的感觉。例如：

　　客户：我再想想啊。

　　汽车销售人员：张先生，这还有什么可想的呢，这款车多适合您啊，价位不高，功能齐全，是性价比最高的车了。您看，那位客户，他就驾着车试了一圈，就定下来了，全额付款，多痛快啊。

　　客户：那又怎么样？你是不是觉得我没他有钱啊！

技 巧展示

　　激将促成法是指汽车销售人员利用客户的自尊心理或者逆反心理，以"刺激"的方式激起对方不服输的情绪，从而快速做出决断的方法。运用激将法时，汽车销售人员要注意以下几点。

1. 刺激性的话题要选准

　　销售人员选择刺激客户的话题必须是客户关心的、注重的、有兴趣的，不能选择与客户没有太大相关性的话题

2. 运用时要把握尺寸

　　激将法既不能过急，也不能过缓。过急，欲速则不达，很容易激怒客户；过缓，则客户很可能无动于衷，达不到预期的效果。因此，汽车销售人员要根据环境、对象和条件来斟酌运用

情景64　诱导促成法

实景再现

　　客户：我很多朋友都是买完车就开始后悔，这回我买车还是要谨慎一些。我先考虑一下，过一段时间再告诉你要不要定这款车。

　　汽车销售人员：张先生，您说的没错，有很多客户在买完车之后都会有一点后悔，但是我想，只要您倒过来想一想，就绝对不会成为这些客户中的一员。

　　客户：哦，倒过来想是什么意思啊？

　　汽车销售人员：您购置这辆车主要是为了解决什么问题呢？

　　客户：平时跑业务啊，拉货啊，还有就是想节假日带老婆孩子去远郊看父母方便一点。

　　汽车销售人员：那您觉得这款车能不能帮您解决问题呢？

　　客户：唔……

　　汽车销售人员：这一款车从外观上看大方俊朗，线条流畅，无论您开着它去谈生意，还是走亲访友，绝对不用担心会失面子。它的储物空间更是远远超越了同级别的其他车型，这后座椅是可以灵活折叠的，您看，座椅折叠起来后，这个后备厢可以平躺两个成年人，您平时运货这样大的空间肯定够用了。您在试车的

时候也体验过，这款车无论是安全性还是动力性都是非常出色的，所以，平时带家人去远郊看父母一点都不成问题。您是个顾家又顾事业的人，这款车一定会成为您贴心的助手的。

客户：嗯……

汽车销售人员：张先生，您跟我说过，为了选一款中意的车，您已经花了好几个月时间在车市了，现在好不容易遇上了合意的车，就定下来吧。我带您去看看现车吧……

情景分析

客户为了选车往往要反反复复地考察好几家车行、好几款车型，这样深入、广泛的考察一方面能增进客户对产品和行业的了解，另一方面，也很容易让客户迷失自身最根本最原始的需求，而陷入到纷繁复杂的信息流和盲目的权衡对比之中。在这种情况下，汽车销售人员直接要求客户购买是难以得到积极回应的，应该一步步诱导客户回到最本质的需求，让他们再次体验汽车的价值所在，进而意识到眼前的这款车就是最能满足他们本质需求的产品，这样，客户更容易下定决心购买。

错误提醒

汽车销售人员在使用诱导促成法时要有技巧地引导，而不要咄咄逼人，不要摆出强硬的姿态，这会让客户感到压抑与被动。例如：

汽车销售人员：您想想，您买这款车最主要是想解决什么问题呢？

客户：为了上下班方便，出行方便嘛。

汽车销售人员：那不就得啦，我们这款车不仅油耗少，而且动力性能很不错，足够您平时出行还有上下班的需要啦，不是吗？

客户：瞧你说的，哪辆车子不能解决出行和上下班的需要呢？

技巧展示

诱导促成法是指在客户陷入犹豫不决或者思绪混乱的状态时，汽车销售人员引导客户由远及近、由浅入深地回归到其最根本的需求和需要上来的方法。当客户抛开琐碎的问题，重新回归需求的时候，他们可以更清醒地意识到所选车型是否契合自己的需要，是否能给自己带来期望的利益和价值。这样回归本质问题的思考方式，可以帮助客户更快速地做出决策。

在运用诱导促成法时，汽车销售人员要注意以下三点。

1. 设计一系列好的问题是诱导促成的关键

诱导性的问题必须是客户真正关心的、与其切身利益密切相关的，并能得到其肯定与认同的。

2. 诱导性的问题不宜过多

诱导过程主要是由销售人员提问引导，由客户回答，如果问题过多，客户会明显有被审问的感觉，其心理压力和反感情绪都会增加，因此问题不宜过多，一般应控制在5个以下。

3. 控制好洽谈气氛

诱导不是"逼问"，销售人员绝对不要以咄咄逼人的语气来提问，这会影响客户的心情和情绪。整个诱导过程应该站在客户的利益角度，温和有礼地询问，让客户感觉到销售人员是在为其着想。

情景65　从众促成法

实 景再现

情景1：

客户张先生是第二次来看同一款车了，这次他让销售人员做出了分期付款的方案，客户拿着付款方案站在样车前，表情凝重地思考起来。这时，现场恰好有一位赵先生过来提车……

客户：（指着赵先生问销售人员）他订的是哪一款车啊？

汽车销售人员：那是赵先生，他是上周来试车的，试完车就订了一款银色的。今天是来提车的。

客户：是吗？等了一个星期才能提车呀。那我现在付款的话，今天能提现车吗？

汽车销售人员：您如果选择银色的那款，现在肯定没有现车了，如果您喜欢黑色的，那我们还有一辆现车。

客户：我就是想要黑色的。现在能看车吗？

汽车销售人员：您如果确定要黑色的，我们现在可以去看看车……

情景2：

汽车销售人员：张先生，这一款车是我们整个公司今年销量最好的车型。它已经连续五个月跻身"月销万辆俱乐部"了。在 A 市和 B 市，这款车几乎供不应求，很多客户都是加价提车的。我估计咱们市也快出现这种情况了，像我们店现在库存就很紧张，其他兄弟店也是这样。

客户：唔……

汽车销售人员：销量不能说明一切，但是，有这么多客户选择这款车总是有一定原因的。谁都希望能买一款放心车、舒心车，有那么多客户选择了这款车，我相信，它一定不会让您失望的。

客户：我知道，我在网上的论坛里看到很多车友对这款车的评价很高。

汽车销售人员：是呀，有一句话不是说嘛，"群众的眼睛是雪亮的"，选车也是要相信群众的眼光的，您说呢？

情景分析

当客户对一款车犹豫不决的时候，其他人的购买行为往往能激发出客户的购买热情和紧迫情绪。汽车销售人员如果能够恰当地利用现场的成交气氛以及以往的销售状况，是有可能打动客户的。购买一款车的客户越多，说明这款车越是得到大众信赖与喜爱的，其质量与服务一般也是有保证的，因此，客户对这样的车子也比较容易认同和接受。

错误提醒

很多年轻时尚的客户在选车时强调标新立异，讲求个性，遇到这类客户，汽车销售人员不宜采用从众促成法，否则很容易适得其反。

汽车销售人员：先生，我们这款车销量很不错的，只要是到我们店的客户，十位中有两三位都会选这一款。

客户：难怪大街上满街跑的都是这款车。我可不想跟人家买一款一样的车。

技 巧展示

技巧1：从众促成法是指汽车销售人员利用其他客户大量的成交案例以及销售现场火爆的预订气氛来刺激客户的购买欲望的方法，具体话术如下所示。

"先生/女士，您看，来我们这里订这款车的80%是像您这样的年轻的精英白领，他们看中的就是这款车的靓丽、时尚，我们昨天就有三位客户订了这款车，他们都是二十七八岁，和您一样年轻有为。"

"先生/女士，我们这款车非常受商业人士的欢迎。我这里有一份××杂志汽车专栏的一次调研结果，您看，在本市随机选择的300位企业家里，有五分之一都选择了这一款车。"

技巧2：对于缺乏经验的新客户，从众促成法是一种比较有效的方法。利用从众心理，可以减轻客户的担忧和顾虑，增加客户的购买信心。但是从众成交法也有一定的风险，很可能引起一些标新立异、讲究个性化的客户的反从众心理。因此，汽车销售人员在运用从众法时要看准对象。

情景66　紧张促成法

实 景再现

情景1：

客户：今天你们都快到下班时间了，这样吧，我明天带够钱再过来吧。

汽车销售人员：张先生，这么说，您已经基本确定就要这种款型的车，颜色要灰色的，是吧？

客户：嗯，没错。

汽车销售人员：张先生，如果您不急着回家的话，我们一起看看现车吧。现在库房灰色的只剩下两辆了，一会儿有一位客户还要来提一辆。我以前接待的很多客户都跟我说过，不喜欢买别人挑剩下的车。您看，我带您先去挑一挑，先给您预留一辆吧，您说呢？

客户：这样啊，那好吧。

情景2：

张先生来店里好几回了，很中意一款车型，但就是下不了决心定下来。这次，另外一位客户恰好也在看同一款车型。为了促使张先生做出决定，汽车销售人员请同事帮忙配合。

汽车销售人员：张先生，我看您很喜欢这款车，就是下不了决心。您是不是还有什么顾虑呢？

客户：我就是想考虑清楚一点，省得后悔嘛。

（汽车销售人员约好的同事走过来，打断了两人的谈话）

同事：小李，我刚听经理说，你有客户正在看这款车，是吗？

汽车销售人员：是呀，我跟张先生正在聊这款车呢，他比较中意。怎么啦？

同事：哦，我一位客户也看上了这款，问有没有现车，库房那边就剩下一辆了。

汽车销售人员：昨天库房不是还有三辆的吗？

同事：昨天下午有客户提走了一辆，今天上午又预订出去了一辆，所以还剩下这一辆了。

汽车销售人员：怎么会这样呢？下一批车可要等一个来月呀。你看能不能先向你的客户介绍其他的车型呢？张先生都来了好几回了，就喜欢这一款呀。

同事：那好吧，我先介绍别的车型，反正这位客户刚到，应该不会急着看现车。

汽车销售人员：（对同事）那拜托你了。（对客户）张先生，您别介意，现在库房的现车不多，经理叮嘱我们一定要多相互确认一下，不要出现一车多卖的情况。我们还是聊聊这款车吧，您现在还有哪些顾虑放不下呢？

客户：唔……

汽车销售人员：张先生，没关系的，如果您需要时间考虑的话，我可以明天给您打电话。如果您真的中意这款车，那我建议您还是今天定下来比较好，现在是汽车销售旺季，错过了一款，可能要等上一两个月才能提到车呢。

客户：你们订金要交多少啊？

汽车销售人员：您现在大概带了多少钱呢？

客户：我就带了1 000元。

汽车销售人员：我们要求的订金最低是2 000元，不过跟您接触这么久了，您的为人我清楚，我帮您问一下，争取用1 000元先把这款车订下来吧。

情 景分析

客户不喜欢等好几个月的时间才能提现车，也不喜欢买一款别人挑剩下的车，更不喜欢其他的客户将自己看好的车"抢"走。所以，汽车销售人员如果能够确定客户喜欢一款车，那么可以利用他们的这些担心搬出其他买家来，客户感受到竞争压力后，其购买欲望会被激发出来。这时，销售人员再建议成交，客户很可能放弃犹豫的态度，快速做出决定。

错误提醒

紧张促成法只有在客户相信的前提下才会产生效果。因此汽车销售人员在营造紧张感、紧迫感时切忌不真实。为了保证这种真实感，销售人员可以向客户展示一些比较可信的销售数据或者库存数据，这样，客户更容易采信。

技 巧展示

紧张促成法是指汽车销售人员利用或者营造出紧张的成交气氛，以此来刺激客户的购买欲望和热情的方法。常用的紧张促成法如下图所示。

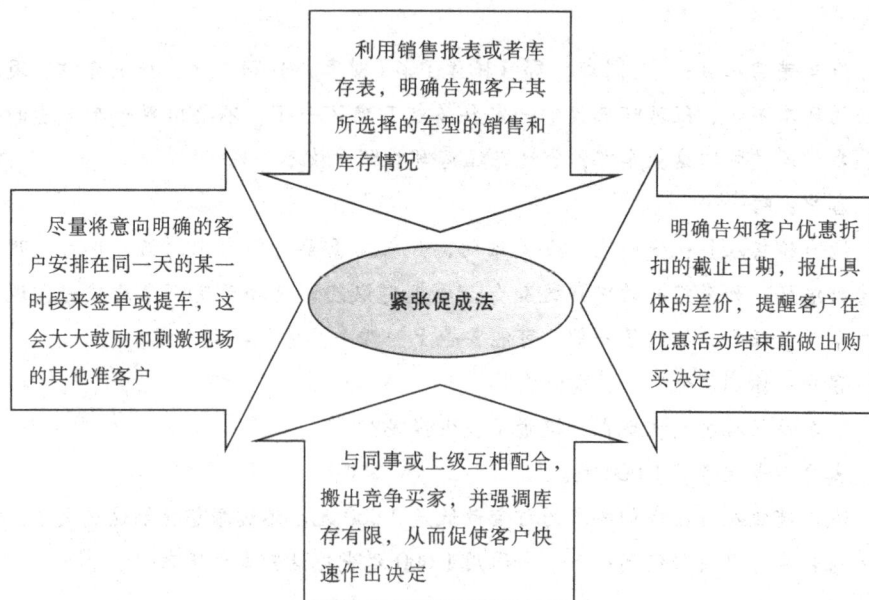

利用销售报表或者库存表，明确告知客户其所选择的车型的销售和库存情况

尽量将意向明确的客户安排在同一天的某一时段来签单或提车，这会大大鼓励和刺激现场的其他准客户

紧张促成法

明确告知客户优惠折扣的截止日期，报出具体的差价，提醒客户在优惠活动结束前做出购买决定

与同事或上级互相配合，搬出竞争买家，并强调库存有限，从而促使客户快速作出决定

Chapter 7

第 7 章

服务：销售从服务开始

- ◆ 签约购车过程的注意事项
- ◆ 新车交付之前的准备工作
- ◆ 顺利验车交车的流程细节
- ◆ 客户提车后的回访与跟踪
- ◆ 超值服务赢取老客户忠诚

- ◆ 积极寻求老客户做转介绍
- ◆ 交车延迟太久客户要退车
- ◆ 客户抱怨售后服务态度差
- ◆ 客户抱怨维修服务收费高
- ◆ 客户因质量问题要求退车

在竞争白热化的汽车行业，新技术、新概念、价格战等已经不足以构成竞争优势，只有完善的、周到的售后服务才是赢得客户忠诚的"神兵利器"。因此，客户签约购车并不是销售工作的结束，而是新一轮销售工作的开始。优质的售后服务能够巩固和加强汽车销售人员与客户之间的信任和好感，很可能促成客户的二次购买或者是转介绍。

汽车销售人员工作日志

售后服务工作有专门的部门和同事在做，不在我的职责范围，我负责把车卖出去不就行了吗……

跟客户约好了明天交车，可是今天我才得知车子明天到不了，这该怎么办好呢，客户如果要求退款怎么办呢……

今天客户来取车时，发现车里还有遗落的抹布，那是我早上做检查时不小心落在里面的，客户虽然没有说什么，但我看出他的脸色明显阴沉下来了……

客户来提车时发现内饰的颜色跟他预订的根本不一样，我立刻查了一下，发现客户预订的是浅色内饰，可是这段时间只有深色内饰，所以才换了颜色，可是我怎么解释客户也不愿意听……

第1节　售后服务要做细

情景67　签约购车过程的注意事项

实景再现

汽车销售人员：张先生，再跟您确认一下，您要订购的是灰色的 A 车，深色内饰，是吧？

客户：嗯，没错。

汽车销售人员：好的，我们一起来看一下这份合同吧，有一些条款我需要跟您解释一下……

汽车销售人员：您看，不知道我有没有把合同解释清楚，您还有没有什么问题呢？

客户：有一条我想补充一下，我有很多朋友买的也是热门车型，签合同的时候都说好是一个月内交车，但是很多时候过去好几个月了甚至半年都提不到车，我想加一句，如果两个月内你们交不了车，我可以要求退款。

汽车销售人员：张先生，您有这样的担心我很理解。我们以前跟很多客户签约时都是约定一个月内交车，除了去年因为天灾导致了延期交车外，从来没有出现过延时交车的情况。

客户：既然这样的话，那么加上这一条也没有关系嘛。

汽车销售人员：合同要做修改的话，我需要请示一下经理，您稍等一下……张先生，我们经理同意了，可以加上您的补充要求。您看合同还有没有其他的问题呢？

客户：没有了。

汽车销售人员：那好，请您在这里签字。（客户签字后引领其办理相关交费手续）

汽车销售人员：张先生，恭喜您成功订购我们的 A 车，相信这款车一定会让您满意的！

情 景分析

客户心理斗争最激烈、最复杂的时候不是在最初进入陌生展厅时，也不是在试乘试驾时，而是在正式签约的那一刻——买还是不买？买了会不会吃亏？会不会后悔？当客户抱着这样的心理时，汽车销售人员如果稍不留意，很可能在最后关头失去客户。在这个阶段，销售人员要注意四点：耐心细致地解释合同文本、根据客户的修改意见谨慎修改合同条款、快速简便地办理交费手续、真诚自信地道谢送别。每一项工作，销售人员都要认真谨慎地对待，让客户感受到售前售后一如既往的工作热情与服务态度。

错误提醒

错误1：客户签约意味着销售工作大功告成，此时，很多销售人员往往按捺不住欣喜，常常手舞足蹈、喜不自禁，但是这样的一种情绪在客户看来，却让他们很不安心，就像买了不实在、不可靠的产品一样。因此，销售人员在客户签约时一定要管理好自己的情绪。

错误2：购车合同对汽车销售人员来说只是成单前的一个工作流程，但是对客户来说，却是他们权益的唯一保证和凭证。因此，当客户认真仔细逐条逐款推敲合同文本的时候，销售人员不能表现出不耐烦，或者频繁催促，太过急于求成只会引起客户的警惕和反感，甚至是反悔。

汽车销售人员：张先生，您看合同没问题的话，就签了吧。

客户：我看看。

汽车销售人员：您都看了六七遍了，这是我们公司标准的合同文本，所有在我们店买车的客户签的都是这个合同，您放心吧，没问题的。

客户：我都不急，你这么急干什么！

错误3：合同文本一般都是书面化的，其中有些生涩难懂的条款，客户需要汽车销售人员能够深入浅出地帮助他们了解整份合同。而一问三不知、磕磕巴巴，或者是照本宣科的销售人员无疑会打击客户的信心，让他们对购车更加不放心，不敢下决定。

客户：小李，合同上这一条是什么意思啊？

汽车销售人员：这一句的意思大概是……，应该是这样吧……

客户：那这一条呢，你能解释一下吗？

汽车销售人员：这份合同其实我也不太熟悉，反正公司历来用的都是这份合同。您要是看不明白这一条，可以跳过去看下一条嘛……

技 巧展示

签约过程中的注意事项

汽车销售人员前期工作的一切努力在很大程度上就是为了一纸订单，如果在最后关头因为一些细小的问题而影响签约，甚至前功尽弃，那是非常可惜的。"行百里者半九十"，在签约过程中，汽车销售人员仍然不能放松，要注意细节，做好细节，以下是销售人员应该注意的一些事项。

1. 签约前销售人员必须熟悉合同文本，能熟练填写，并能为客户做出通俗易懂的解释。

2. 客户对合同条款提出修改意见时应以说服为主，尽量不做修改，如果客户坚持要修改，销售人员应与店内相关负责人协商解决方案。

3. 客户签约过程中，销售人员可以选择一些轻松的闲聊话题，尽可能地缓解客户签约购买时的压力感与犹豫感，例如：

"先生/女士，马上要放长假了，您想过和家人去哪里玩吗？"

"先生/女士，您写的字真漂亮，很有隶书的味道呢。"

4. 无论客户选择付全款还是分期付款，都是很大的一笔金额，取现往往需要费时费力，汽车销售人员要全程陪同，尽量为客户提供便利，让交款环节更快速、更便捷。

5. 签约后销售人员既不能沾沾自喜、得意忘形，也不能表现得诚惶诚恐、感激备至，应该保持一如既往的自然态度，对客户签约表示真诚的祝贺与感谢。

情景68　新车交付之前的准备工作

实 景再现

情景1：

因特殊情况导致无法正常交车，需及时、提前与客户电话沟通。

汽车销售人员：张先生，您好，我是××汽车的销售顾问李明，您两个星期前在我们这里订购了一款 A 车。

客户：对呀，怎么啦？是不是可以提车啦？

汽车销售人员：张先生，非常抱歉，是这样的，最近连续半个月的大范围降雨给我们的运输带来了很大困难，本来可以提前运到的车现在可能要延误三到五天的时间。我怕您着急，所以特地给您打个电话。

客户：你确定三五天能到吗？不要到时候又告诉我需要十天半个月啊。

汽车销售人员：这一点您放心，我们可以保证，最迟不会超过五天。

客户：那好吧，天灾也不是你们能控制的，车到了给我电话吧。

情景 2：

因特殊情况导致无法正常交车，延误过久，汽车销售人员应主动拜访客户，解释原因。

汽车销售人员：张先生，您好，这次我是特地上门向您道歉的。

客户：上一次你打电话告诉我说要晚三五天才能提车，这回你上门来，不会又要往后延吧？

汽车销售人员：很抱歉，张先生，实在给您添麻烦了，我们这一批车还需要一个星期的时间才能运到。我们经理怕您等得着急，所以特意叮嘱我来拜访您，跟您详细解释原因，希望您能谅解。

客户：我需要一个准确的时间，老这么拖着可不是办法。

汽车销售人员：经理跟我说了，再过一个星期，如果还不能交车，我们会从其他店调一款给您。

客户：那好吧。

情景分析

客户签约后，如果不能提现车的话，汽车销售人员要与客户保持及时的沟通和联络，能够正常交车的，要提前告知客户提车的时间以及事项；不能按时交车的，销售人员更要提前告知客户原因，并就准确的交车时间作出可信的承诺；延误太久不能交车的，销售人员要尽量拜访客户，面对面沟通，消除客户的不满情绪。在客户前来提车之前，销售人员要对车辆做全方位的检查，确保即将交付的车辆在配置和颜色上与合同一致，确保车辆整洁、明亮、干净，让客户能看到一款"赏心悦目"的新车。

错误提醒

错误1：当汽车不能按期交付时，经验不足的汽车销售人员往往不敢将真实情况告诉客户，害怕客户会解约、退订金，等过了约定的交车时间，客户上门兴师问罪的时候，销售人员再想方设法解释、道歉，这样的做法是很难得到客户的理解和认同的。

错误2：即使有专业的人员会对新车进行检查、核对，汽车销售人员也不能撒手不管、不闻不问。销售人员与客户有过深入的接触，对客户的需求与要求有较深的认识，因此，汽车销售人员在交车之前再检查一遍，能够避免很多的问题，例如新车车内是否有遗落的纸张、抹布、工具，车窗是否干净明亮等。

技 巧展示

技巧1：及时沟通交车问题

现在，有很多车型需要客户先支付一部分车款，再经过几天到几个月甚至是一年的等待时间才能提到现车。等待是最能消磨客户的耐性的，如果过了约定的交车日期，客户还是提不到车的话，这种失望的心情可想而知。如果店方汽车销售人员不闻不问、不理不睬，客户的失望会很容易升级为愤怒与不满。因此，汽车销售人员要与客户保持随时的沟通和联系，如果车子不能按时交付，一定要提前告知客户，表达歉意并讲明原因，对新的交车日期做出承诺和保证，这样，可以大大减少由交车延期带来的买卖双方之间的摩擦。

技巧2：交车之前的准备工作

在向客户交付新车之前，汽车销售人员要做好以下的准备工作。

准备工作	具体内容
核实与检查	确认已经通知客户准确的时间和地点 确保新车车型、配置及颜色符合客户要求 保证新车整洁、明亮、干净
文件准备	发票、合格证、保险单、购置税、养路费、车船税、车检证明、驾驶员手册、保养说明、保修手册、维护保养注意事项、安全驾驶注意事项、车辆技术参数表、进口货物证明书、商检单、其他文件
人员确认	与交车区以及相关参与人员打好招呼，确定时间

情景 69　顺利验车交车的流程细节

实景再现

情景 1：协助客户收车验车

汽车销售人员：张先生，您看，这款车的配置和颜色跟您预订的是一致的吧？

客户：嗯，是的，我就喜欢这种颜色和内饰。

汽车销售人员：张先生，这是我们的交车清单，我们以前回访过很多客户，发现一个很有趣的现象，有的客户买了车开了一两年了，但是车子的很多功能都没用过，不是不能派上用场，而是客户不知道有这样的功能。您看，我们今天就按照这份清单上的内容一一来验收，这样，您对这款车的每一个功能都可以了解得非常透彻，以后用车也会更方便，可以吗？

客户：行啊。那我们开始吧……

情景 2：进行连带销售

汽车销售人员：张先生，您平时经常需要出差，经常会上高速公路行驶，老是要控制油门踏板，控制车速，时间长了，会不会觉得特别累呢？

客户：这个是肯定的。我有一次去××市出差，来回花了六个小时，累得够呛。

汽车销售人员：考虑到您的驾驶需要，我建议您为爱车配一个定速巡航。长时间行车是很容易疲惫的，有了定速巡航，您在高速公路上行车时，可以自动保持车速，不用再频繁地控制油门踏板，开车会轻松很多，而且也可以减少不必要的车速变化，节省了燃料。

客户：我是想加一个定速巡航，在你们店里可以买到吗？

汽车销售人员：可以的，而且是有保修服务的。我带您看看……

情景 3：引荐售后服务专员

汽车销售人员：张先生，我把售后服务专员请过来了，想让他认识一下您。以后您在用车过程中出现什么问题，可以直接找这位售后服务专员王启。当然了，您如果愿意，也可以随时联系我。（对售后服务专员）王启，张先生是我的老客户了，对我们店的工作一直很支持，以后如果张先生用车遇到什么问题，还请你多加关照哦。

客户：呵呵，谢谢你们。

情 景分析

向客户交车是最容易加深双方之间信任和好感的过程之一。汽车销售人员应该尽可能亲自陪同客户验车、试车，尤其是遇到对汽车不熟悉的客户，一定要细致认真地帮助客户验车。在交车时，销售人员也可以抓住时机，根据实际情况进行连带销售。在交车后，销售人员应该主动介绍售后服务专员给客户，让双方相互熟悉，为售后工作的开展打下良好的基础。

错误提醒

错误 1：客户在提车的时候，难免会忽略对汽车进行详细的、全面的检查验收工作。这种情况下，汽车销售人员不能图省事、图轻松，顺着客户的意思将验车过程敷衍了事。

错误 2：汽车销售人员在进行连带销售时，要综合考虑客户的经济承受能力以及连带销售产品对客户的实用性和价值，不能盲目地兜售附加产品，引起客户反感。

错误 3：汽车销售人员在交车之后，绝对不能把客户推给售后服务专员后就不管不顾了，这种前热后冷的态度最容易伤害客户。

技 巧展示

技巧 1：帮助客户验车

在客户心目中，一位称职的汽车销售人员不仅要在他们买车前能尽心尽力，最重要的是，在他们付款后，还能一如既往、有始有终地做好服务。每一位客户都希望买到放心的车，因此，验车环节是客户非常看重的，他们希望在验车时也能得到销售人员的帮助。汽车销售人员有能力也有义务提供这样的帮助。在验车时，销售人员可以引导客户从以下几个方面来验收。

车的部位	具体验收项目与标准
外部确认	外观清洁，车身无划痕、污渍，玻璃无划痕、污渍，轮胎、车轮无划痕、污渍
内部确认	清洁车辆（特别是烟灰缸、随车工具以及边角的卫生等） 安置车厢内脚踏垫或脚踏纸 检查内饰颜色、无划痕污渍 确认电动装置能正常工作 确认随车附件和工具（备胎、卸胎工具、千斤顶、点烟器、烟灰缸等） 确认客户订购的装备是否齐全 确认汽油量 确认车辆钥匙，遥控器的数量和灵敏性 相关文件完备（驾驶员手册、保修手册、保险证、行驶证等）
新车配置	外观，门窗开关及上锁的方法，驾驶位置的调整方法（座椅、方向盘），安全带的使用方法，内外后视镜的调整方法，钥匙和发动程序，组合开关的操作方法（大灯、雾灯、转向灯、紧急指示灯、雨刮器、定速巡航控制等），大灯清洗装置说明，仪表盘及各项指示灯说明，变速器操作方法，各类开关的操作方法和位置指示（发动机盖、行李箱盖、燃油箱盖），空调系统操作说明，音响系统操作说明，天窗的操作说明，后排座椅调整方式说明，防盗系统说明，五油三水及胎压检查说明，随车工具和千斤顶位置指示和使用方法，备用轮胎

技巧2：连带销售

连带销售是指汽车销售人员在客户购车的基础上，再向其推荐车辆的附件或者配置。在进行连带销售时，销售人员要注意以下几点。

连带销售的产品对客户来说必须是有价值的，如果附件或者配置对客户没有使用价值，那么不应该推荐

不要向客户推荐过多的连带产品，这样很容易引起对方的反感与抵触

抓住时机，在客户处于拿到新车的极度兴奋与喜悦中时，连带销售很容易被客户所接受

技巧3：引荐售后服务专员

客户顺利提车代表着整个销售流程由售前向售后过渡，汽车销售人员要亲自将售后服务专员介绍给客户，让客户对售后服务有依靠、有信心，这也可以提高客户的购车满意度。在进行客户交接时，销售人员可以当着客户的面这样叮嘱售后专员：

"××，这位是我的老客户×先生/女士，是非常和气的一个人，这是×先生/女士购买的第一款车，因此可能需要两三个月的磨合期，如果用车有什么问题，拜托你多多帮助×先生/女士。"

这样简单的一句叮嘱，体现的是真诚和负责任，可以大大增加汽车销售人员在客户心中的印象分。

情景70 客户提车后的回访与跟踪

实景再现

情景1：新车交付后七天内的回访

汽车销售人员：张先生，您好，不知道您这几天和新车磨合得好吗？

客户：呵呵，还好。开着感觉不错，我朋友们都说很拉风。就是有个小问题，这款车的油耗好像比使用手册上的要高呀。

汽车销售人员：张先生，您的爱车现在是磨合期，车上各部件都需要磨合，油耗相对而言会稍高一些，您可以使用一段时间后再观察。

客户：哦，我明白了。其他都挺好的。

汽车销售人员：张先生，您需要我们协助办理新车牌照吗？

客户：哦，对了，我一个朋友说办牌照挺麻烦的，需要两天时间才办得下来，我想请你帮我办一下。

汽车销售人员：好的，没问题，上牌照需要您提供一些文件资料，您看是您过来我们店方便呢，还是我去拜访您比较方便？

客户：麻烦你过来一趟吧，明天上午随时都可以。

汽车销售人员：好的，那张先生，您用车的过程中有任何问题，欢迎您和我联系。祝您用车愉快！明天见。

情景2：首保通知

汽车销售人员：张先生，您好，快两个月了，不知道您的爱车跑了多少公里了？

客户：哦，现在也就4 000公里多一点。

汽车销售人员：张先生，您的爱车应该要做首保了。不知道您哪一天有时间，我提前帮您做一下预约。

客户：周六吧，周六上午我开车过去。

汽车销售人员：好的，张先生，我帮您安排在周六上午。

情景分析

客户提车后，从流程上来说，售后的工作是由售后专员来负责，汽车销售人员不用花费太多心思来跟进客户了。但是，新车交付后的前几个月时间是问题频发的时候，客户与新车在磨合，客户与陌生的售后专员也在磨合，而汽车销售人员则是其中的桥梁，因此，这一阶段的回访与跟踪工作，销售人员一定要重视。新车上牌照，做首保，客户使用满意度，这些都是销售人员需要了解和跟进的。

错误提醒

交易成功了，万事就大吉了，汽车销售人员如果这样单纯地把签约看作销售工作的结束，那是难以赢得老客户的信任和好感的，自然也就难以取得长期的稳定的销售成绩。工作虽然交接了，但是与老客户的联系应该继续保持，只要服务好了一个老客户，就相当于获得了好几个潜在的新客户。

技 巧展示

客户购车后的售后服务一般都有专人负责，但这并不是说汽车销售人员就没有必要再联系客户了。事实上，很大一部分客户在购车之后，都希望之前那位热情友好的销售人员能够以同样的方式来关心他们用车过程中的麻烦和问题。那么，汽车销售人员如何跟进这些已成交的客户呢？

销售达成后的跟进	具体内容
在交车后 24 小时内发出一封感谢信	亲手写一封信，表达对客户购车的感谢和祝福
在交车后 24 小时内第一次跟进	一是感谢客户购车 二是询问客户对新车的感受，有无不明白不会用的地方 三是询问客户对店方及对销售人员的服务感受 四是了解客户有无好的建议和看法 五是及时处理客户的不满与投诉 六是询问新车上牌照情况以及是否需要协助
在交车后 7 天内第二次跟进	一是询问客户用车感受 二是提醒用车注意事项 三是询问上牌情况以及是否需要协助 四是及时发现并处理投诉和不满
在交车后每两个月至少联系一次客户	首保提醒，保养及用车提醒，了解用车感受
特殊日期面访客户	客户生日、购车周年纪念日、节假日、工作顺道拜访等
平常关怀随时传递	及时告知店内的免费保养活动、汽车交流活动、试驾体验活动、新车上市活动、天气大变化时的告知等

情景71 超值服务赢取老客户忠诚

实景再现

情景1：节假日、特殊日送祝福

汽车销售人员：张先生，今天是您孩子五岁的生日吧？上半年您买车的时候就提到过，说您孩子恰好是国庆节生日，有了车可以带孩子去他想去的地方玩。不知道您这次带孩子去哪里玩呢？

客户：呵呵，难为你记得这么清楚。我们没出门，就在家里给他庆祝生日。

汽车销售人员：我为孩子订了一个生日蛋糕，待会快递应该就会送到了。请您代我向您家的小公主祝福一声生日快乐啊。

客户：谢谢你，小李啊，你这样太费心了。

汽车销售人员：哪里，前几天您为我介绍了两位客户，我都没来得及跟您道谢呢。能让您孩子生日时更快乐更幸福，我也很开心。

情景2：客户提车周年纪念

汽车销售人员：张先生，恭喜您！

客户：哦？恭喜我什么呀？

汽车销售人员：去年的今天，您从我们店把爱车提走呀，您忘了？今天是您和爱车的周年纪念呢。

客户：呵呵，还真是的，一年了，时间真快呀。谢谢你记得这么清楚。

汽车销售人员：不知道这款车您满意吗？

客户：很好呀，到现在都像新车一样。我们一家都很喜欢它。

汽车销售人员：那就好，您用车愉快，我们比谁都高兴。如果您对我们有什么宝贵意见和建议，欢迎您给我们提出来呀。

客户：一定一定。

情景3：帮助客户

汽车销售人员：张先生，上次给您打电话，您提到想给爱车换一套音响，但不知道哪个品牌的比较好一点，是吧？

客户：是呀，我现在还没换呢。

　　汽车销售人员：我给您搜集了现在市面上比较主流的一些音响品牌，以及它们的性能还有报价，这些价格我是从内部人士那里问来的，您去选购的时候可以参照这个价格来砍价，绝对不会吃亏的。我发到您的邮箱了。

　　客户：你太费心了，我在网上查了很久，也没找出什么有用的信息来，你这些信息对我肯定会有大帮助的。真是谢谢你。

　　汽车销售人员：这没什么，以后您在汽车方面有什么问题或者想法，随时都可以找我……

情 景分析

　　超值服务可以是大雨之前的一次洗车提醒，可以是客户生日时一个电话的祝福，也可以是力所能及的帮助。超值服务是发自汽车销售人员内心，而出乎客户意料的。很多时候，两三次恰到好处的超值服务就能让一位普通客户升级为老客户、忠实客户。优秀的汽车销售人员一定是个有心人，能够利用客户话语中的关键信息把握住每一次打动客户的机会，能够将每一位购车的客户都发展成为品牌的忠实老客户。

错误提醒

　　有的汽车销售人员或许会有这样的想法：即使花再多的心思在老客户身上，老客户即使再感动，也不可能立刻卖了刚买的新车再换新车，所以，花心思在老客户身上不一定有实效。这其实是一种"短视"，只看到了眼前的利益，而看不到老客户可能带来的大量的新客户和销售机会。当一位刚入行的汽车销售人员抱怨"没客户资源"的时候，是情有可原的，但是，如果是一位在行业内工作了一年以上的销售人员还有这样的抱怨，那么首先就应该自我检讨一下，想想自己是以什么样的心态来对待老客户的。

技 巧展示

　　真正的超值服务从根本上来说，并不需要耗费很多的财力和精力，它其实就是一种用心的服务，是汽车销售人员发自内心的对客户的关怀与帮助。为客户提供超值服务是培养忠实客户的一种很好的途径，而每一个忠实客户的背后都会有好几个、数十个甚至成百上千个潜在客户，所以说，超值服务是一种双赢的服务：客户得到了关怀和温暖，而销售人员得到的是源源不断的客户资源和销售机会。

情景72 积极寻求老客户做转介绍

实景再现

情景1：

汽车销售人员：张先生，上一次和您一起来看车的赵先生，他不是很喜欢SUV吗？我们最近在××花园将推出一款与市面上其他车型大不一样的SUV，到时候可以试驾，不知道赵先生会不会感兴趣呢？

客户：嗯，老赵是很喜欢SUV，他打算在这个月就购买呢。我想他对你们的新车一定会有兴趣的。我跟他说说。

汽车销售人员：张先生，您看，方便留一下赵先生的联系方式给我吗？我们需要发邀请函。

客户：好的，你记一下，他的电话号码是×××，你就跟他说是我介绍的就行。

汽车销售人员：好的，谢谢张先生。

情景2：

汽车销售人员：张大哥，最近好吗？

客户：呵呵，小李啊，你好几天没打电话了啊。我跟你说，上次你给我推荐的那款导航仪还真不错，实惠还实用，看来有事情还就得找专业人士帮忙。

汽车销售人员：张大哥，能帮到您我高兴还来不及呢。您以后要是想改装什么，都可以找我。对了，我们店最近有一次大活动，有好几款车型8.8折优惠，一辆车最多能省两三万元呢。您有没有亲朋好友最近有买车计划的，您可以推荐到我们店里来，只要是您的朋友，我一定给最优惠的价格。

客户：8.8折呀？那确实很低了。我确实有两个同学最近想买车，什么时候带到你们店去看看。

汽车销售人员：张大哥，您看周六怎么样？周六您休息，正好可以来试试我们几款新车，我觉得您对车的品位那真称得上是一流，每次试车都能说出很不一样的意见来。

客户：呵呵，好啊，那我周六带他们过去。

情景 3：

汽车销售人员：张先生，您买车之后，有没有碰到这样一种头疼的事啊？

客户：什么事啊？

汽车销售人员：就是平时的好哥们、同事、亲戚看见您的新车都想试两把。您不让吧，怕人家说您重车轻友，您让试吧，又心疼车。

客户：是呀是呀，我把车开回家第一天就有哥们想试我的车了。没办法呀，只能偷偷地心疼呀。

汽车销售人员：呵呵，我就知道，您可能遇上这样的事，所以提醒您一下，新车磨合期，最好是您来驾驶，不要让他人来试驾。您知道的，每个人的驾驶风格都不一样，有的开车还特别猛，这样对新车的伤害是很大的。

客户：那怎么办啊？我又不能把车藏起来。

汽车销售人员：呵呵，是这样，张先生，您可以带着您想试驾的朋友来我们店，好几款车都可以试，可以更尽兴，只要是您的朋友，我一定好好招待。要是哪一位看上了我们的车，我也一定给最低的价格。您说怎样？

客户：这个法子不错，反正你们店离我家也不远，可以领着我的朋友们过去。

汽车销售人员：呵呵，张先生，欢迎您随时带朋友过来。

情 景分析

"物以类聚，人以群分"，每一位购车的客户身边往往少不了几位年龄相仿、同样有购车打算或者需求的潜在客户。如果汽车销售人员能够精心维持与老客户的长期、友好的关系，那么就很容易通过老客户的介绍接触到他们身边的潜在客户群体。如果老客户愿意将自己对销售人员的好感与赞赏分享给潜在客户，那么汽车销售人员的销售机会和成交概率将会大大增加。一分耕耘，一分收获，优质的售前售后服务是获取老客户完全信赖的唯一条件，只有在这种充分信任的基础上，老客户才有可能将身边的亲友熟人推荐给销售人员，并且积极主动地成为销售人员的"宣传大使"，推动潜在客户的购买行为。

错误提醒

错误 1：不管汽车销售人员与客户之间的关系是疏还是密，都不应该一开口就请老客户介绍新客户，这样显得功利性太强，容易让客户有被利用的感觉。

汽车销售人员：喂，张先生啊，我是汽车销售顾问李明呀，最近您身边有没有朋友想买车的呀，推荐一两款给我吧。

客　户：你打电话就为这事啊，没有，我不认识要买车的人。

错误2：客户即使乐意介绍亲友去买车，也不会轻易透露潜在客户的个人信息。汽车销售人员不应该强迫客户，应充分尊重对方的原则和立场，理解客户的做法。

汽车销售人员：张先生，上次和您一起来看车的那位赵先生不是也在选SUV吗，您能告诉我他的电话号码吗？

客　户：这个不经过他的同意，我不能给你。

汽车销售人员：没关系吧，我不会老给他打电话的，再说了，我也不会说出来是您告诉我他的电话号码的，这不就行了嘛？

客　户：我先要问问他，他同意了，我再告诉你他的电话号码。

汽车销售人员：不就是一个号码吗？您没必要看这么重吧？

客　户：我不想给就是不想给！

技巧展示

技巧1：勇于向所有客户要求转介绍

有的汽车销售人员会有这样的习惯，那就是只向与自己相处融洽的客户要求转介绍，而对于那些关系不太密切的或者没有达成销售的客户，销售人员很少想到向其求助。如果有了这样的心态，那么销售人员往往会错过很多机会。优秀的汽车销售人员要勇于向所有的客户要求转介绍，挖掘每一个可能的机会，即便遭到拒绝，也不会给自己造成多大的实际损失。

技巧2：向客户要求转介绍的步骤

一般来说，除非是与汽车销售人员关系特别好，客户都不喜欢一见面或者一打电话就直截了当地要求介绍新客户的销售人员。为了避免引起客户的反感，销售人员可以按照下面的步骤来提出转介绍的请求：

1. 唤起客户的良好印象

销售人员可以先聊一聊双方接洽过程中发生的某些事，或者选择一两个客户感兴趣的话题，通过简短的"热身聊天"唤起客户对销售人员的良好印象与好感，做好铺垫工作。

2. 主动请求转介绍

以自然的神态和诚恳的语气向客户主动请求转介绍。可以直接询问客户身边有无近期需要购车的朋友，或者询问客户先前对话中提到的某个人物。

3. 剖析转介绍的利益

剖析转介绍能为潜在客户以及老客户自身带来的利益和优惠，以此来坚定客户做转介绍的决心，例如，在上面的情景2中，销售人员就告知客户现在购车是有大幅优惠的，这样客户自然乐意介绍亲友去选车；在情景3中，销售人员则提醒客户尽量不要让亲友把新车当试驾车，要试车可以去店里试，客户对刚买的车自然非常爱惜，对销售人员的提议当然乐于听从。

有抱怨、肯投诉的客户是最好的客户。优秀的汽车销售人员和企业总是高度重视客户的抱怨和投诉，并能快速地响应、积极地应对，化"危机"为"机遇"，通过妥善周到地处理抱怨和投诉来维护品牌的信誉和口碑，赢得客户的好感与忠诚。

汽车销售人员工作日志

我最怕的就是客户来投诉，有些脾气火爆的客户甚至会把我堵在展厅里，不按他们的要求把问题解决了，他们根本就不会离开车行，太难处理了……

老客户找到我抱怨车子这里出问题那里不太好的时候，我心里很委屈，车子既不是我设计的，也不是我造出来的，为什么出了问题客户单单找我呢……

有时候车行业务非常忙的时候，客户找上门来，在展厅大吵大闹，这让现场的很多客户对我们车子的质量问题都起了疑心，这该怎么办呢……

面对上门来抱怨或投诉的客户，我知道首要的就是安抚情绪，可是如果我不答应客户苛刻的要求，他们一般都很难平静下来，怎样做客户才会平息怒气呢……

客户非要见经理不可，我应不应该请经理出来处理呢？客户提出的补偿条件非常苛刻、不合理，我该怎么办呢……

第2节　抱怨投诉妥处理

情景73　交车延迟太久客户要退车

实 景再现

客户张先生两个月前订的车，按约定一个月前就应该交车了，但由于是新车上市，供不应求，因此，一个月过去了，客户还是没有提到车，于是，张先生闯进店里，找到销售人员要求退车……

客户：就你们这办事效率，等我拿到车的时候，没准是好几年后了！我不等了，退钱，我要退车！

汽车销售人员：张先生，您的心情我理解，如果我遇到这种情况，我也会像您这样愤怒的。

客户：我不管了，我不想要这款车了，给我退钱吧。

汽车销售人员：张先生，您提这点要求并不过分。我想问问您，抛开提车这桩事不提，您觉得这款车怎么样？

客户：这款车当然很好啊，不然我会这样傻傻地等一个月吗？

汽车销售人员：如果您这么喜欢这款车的话，我觉得退车是很遗憾的。我刚查了一下，根据我们的预订记录，下一批车到的时候，您应该是第一个提车的。如果您现在退车了，那么两个月的等待就都白费了，而本来排在您后面的人就可以提走本来属于您的车了。

客户：你是说快轮到我了？

汽车销售人员：您不信的话，我可以拿预订记录给您看看，您确实是排在最前面的。

客户：那按你们这样的速度，下一批车什么时候才到啊？

汽车销售人员：就剩下一个星期了。

客户：你能保证一个星期内可以提车吗？

汽车销售人员：张先生，之前和您接触很多，我知道您是个直爽人，我也不跟您绕弯子，如果一星期内您的车到不了，不用您上门，我亲自把订金给您送家里去，并且向您全家赔礼道歉，您看成吗？

客户：好吧，我就再信你一次。

情 景分析

目前，车市上延期交车的现象非常普遍，一面是厂家有限的产能，一面是消费者高涨的消费热情，因此，很多车型经常会出现排队预订排到第二年的情况。花了钱却用不上车，不论是脾气多么温和的客户遇到这样的情况都难免会气愤不已。

不过，汽车销售人员要看清一点：客户愿意花钱订一款没有现车的车，交车日期延误了，客户还愿意等，这表明了客户对这款车由衷的喜爱与关注。而这就是销售人员最好的突破口，再次调动起客户对这款车的好感与印象，并就交车日期给出准确的日程，这样，大多数客户是能接受的。

错误提醒

错误 1： 每一个订单都是店方花费巨大的投入换来的，是汽车销售人员一轮一轮的销售工作赢取来的，因此，即使客户强烈要求退车退钱，销售人员也不能轻易放弃。

错误 2： 如果汽车销售人员对新的交车日期没有把握的话，就不要轻易地允诺客户，客户失望一次，还可能原谅销售人员，但是如果失望两次、三次，甚至更多次，他们就会觉得被销售人员欺骗了，此前对销售人员的信任与好感就会荡然无存了。

技 巧展示

客户投诉的处理步骤

在处理客户的投诉和不满时，汽车销售人员的原则是：先处理情绪，再处理事情，也就是说先要安抚客户的情绪，然后再来解决实际的问题。具体如下所示。

1. 倾听抱怨，安抚客户情绪

客户有投诉、有不满，就肯定会有情绪，烦躁、气愤、失望，甚至是破口大骂都是有可能的。此时客户需要理解、尊重和重视，需要销售人员迅速响应。销售人员要尽量安抚客户的情绪，让他们发泄不满和愤怒，负面的情绪释放得越多，对后期的问题处理越有利。如果客户是在展厅提出投诉，销售人员要将客户引到其他在场客户注意不到的地方，避免给现场的销售带来不利的影响。安抚客户情绪的常用话术如下。

"您别着急，我们到这边坐下聊，告诉我具体是怎么回事，我来帮您解决。"

"我理解您现在的心情，我们只有了解了事情原委才好进行处理，麻烦您把事情经过告诉我，好吗？"

"难怪您发这么大火，如果我是您，我也会生气的。"

"您别生气，来，我们先到休息室喝杯茶，您跟我说说出现什么问题啦？"

"您希望我们怎么处理这件事情呢？"

"您来听听我理解得对不对，您说事情是这样的……您希望得到……我理解得对吗？"

2. 明确责任，提出解决方案

客户情绪平缓下来后，销售人员可以请出售后服务专员一起分析问题，给客户一个合理的解释，并提出具体可行的解决方案。需要注意的是，即使事件的责任在客户，销售人员也不能得理不饶人，应耐心解释，并为客户找好台阶下。常用的话术有：

"真的非常抱歉，这件事情是这样的……确实是我们的失误，您看我们这样做行吗……"

"对不起，这主要是我当时给您介绍时没有说清楚，情况是这样的……"

"这个问题我们在签约之前讨论过，要是当时我跟您说得再清楚一些就好了，您可以这样做……"

3. 执行承诺，跟踪处理效果

提出解决方案或解释后，销售人员首先要征求客户的意见，询问他们是否满意，是否有其他要求，这样才能体现出诚意和尊重，也更容易得到客户的支持和配合。客户认可之后，汽车销售人员要确保解决方案得到执行，并对处理效果进行跟踪跟进，避免引起客户的再投诉。常用的话术有：

"我们向您承诺，三天之内彻底解决这个问题，您看怎么样？"

"这两个方案，您愿意我们执行哪一个呢？"

"您看我们这样解决，您还有什么其他方面的要求吗？"

"您看，我们这样处理可以吗？"

情景74 客户抱怨售后服务态度差

实 景再现

客户打电话向汽车销售人员抱怨，说售后服务部门的态度很差，客户很不满意……

客户：你们的售后服务态度可真差，跟你当初介绍的完全不一样！

汽车销售人员：张先生，您慢慢说，告诉我是怎么一回事呢？

客户：前一阵我觉得开车的时候，老能听到车身异响，我给售后打电话，他们告诉我这是正常的。可是我请几位熟悉车的朋友帮忙看了一下，他们都说这不太正常，我第二次打电话，结果他们说第一次已经回答过我了，异响是正常现象，我话还没说完他们就挂了我电话，怎么这样的态度嘛！

汽车销售人员：这样确实是我们同事不对了。张先生，您看这样好不好，您什么时候方便把车开过来，我请店里几位老师傅帮您把车里车外都检查一下，一定要找到问题，让您可以放心地开车。至于那位售后的同事，我请他向您道歉，您看可以吗？

客户：道不道歉没关系，我就是觉得售后这样的态度不行。这样吧，我今天下午把车开过去吧。

汽车销售人员：好的，我给您提前安排一下。今天下午我专程等您过来……

情 景分析

客户如果没有紧急情况或者问题，是不会拨打售后服务电话的。他们希望售后服务专员能够耐心地、专业地、热心地帮忙解决问题，如果售后人员冷淡应对，客户一急一恼之下，很容易激起抱怨和投诉。在这种情况下，客户首先想到的就是找汽车销售人员诉苦，希望获得销售人员的帮助。虽然涉及的是售后的同事，但是销售人员对客户也负有推卸不了的责任，应在力所能及的范围内为客户提供帮助。

😞 错误提醒

汽车销售人员不能有"事不关己，高高挂起"的心态。虽然客户抱怨和投诉的对象是售后部门的同事，但是影响的却是整个店方的形象和声誉，因此，销售人员应有大局意识和负责到底的态度，尽力消除客户心中的坏印象，帮助对方解决实际问题。

技 巧展示

责任心和主人翁意识

很多销售人员会有这样的想法：客户把车提走了，我的工作就结束了，至于用车过程中出现问题，由售后部门负责，售后人员服务态度差，我管不了，也没权限管。如果每一位销售都是这样的想法，那么销售人员所服务的企业很快也会丧失活力和生存能力。一位优秀的汽车销售人员一定是有责任心和主人翁意识的，他们知道，售后服务的质量会影响客户的满意度，而客户如果不满意售后，很自然地就会迁怒到企业，最终还是会影响到销售人员自身。因此，当客户对售后服务提出意见时，销售人员要及时向相关部门和同事反馈，并监督改进的过程，这样不仅利于客户，同样利于自己，利于同事，利于企业。

情景 75 客户抱怨维修服务收费高

实 景再现

客户：你们的维修收费太贵了，我的车出了点小问题，通过你们的维修检查找到了问题，虽然花了点时间，但我不想在店里维修，可是检查费却照扣不误，这样也太不合理了吧？

汽车销售人员：张先生，是这样的，维修前的故障诊断是很关键的，尤其是不明显的一些车辆问题，就像医生在找病因一样，需要技术人员高超的技术与丰富的经验，同时还要用到专用的检测仪。如果已经准确地判断出故障就等于维修进行了一半，因此，按行业及厂家的规定，适当地收取检测费用是合理的。当然，这肯定是我们售后的同事们没有提前向您解释清楚，所以让您有了这样的误会。

客户：我之所以不敢在你们店里修，是因为我修怕了。上一次就更换了几个小配件，花了我5000多元，什么配件要那么贵呀！

汽车销售人员：张先生，您放心，我们维修点所用的配件都是原厂件，质量是有保证的，价格也是全国统一的，您可以在官网上查询到每一个配件的价格。在维修点更换的配件有质量担保，有1年或2万公里的保修期。配件的价格虽然贵了一点，但是优质的配件可以延长整车的使用寿命，保证您的行车安全。

汽车销售人员：张先生，我知道，您是个很看重品质的人，如果我们的同事能把这些和您解释清楚，您一定能理解的，是吧？我会跟我们的同事沟通一下，下一次在为您服务时一定要让您清清楚楚知道钱花在了哪里。您说好不好？

客户：是呀，其实只要他们说明白了，我还是可以接受的嘛。

情 景分析

汽车的售后维修保养费用确实是非常大的一笔开支，几乎能与购车费用持平，甚至是大大超过购车费用。很多售后服务点虽然执行的是统一的、比较规范的价格体系，但由于未能细致地向客户做解释说明，导致客户只知道售后维修贵，却不了解为什么贵，因此，自然会有怨言和不满。汽车销售人员应该向客户详细地做解释，即使不能让客户接受，也要力求让客户理解。

错误提醒

当客户表达怨言和不满的时候，汽车销售人员千万不能轻描淡写地应对，必须给予充分的重视和关注。

客户：你们售后维修的收费太不合理了，我就换了几个小配件就花了5000多元。

汽车销售人员：这个是很正常的，原厂配件当然贵了。

客户：那也不能贵得这么离谱啊！

汽车销售人员：其实我们的价格跟其他品牌的相比，还是要低很多的。

技 巧展示

站在客户的立场上想问题

汽车作为人们出行代步的工具，很难保证永远都不出故障、不出问题，还有一些易损配件也需要经常更换。现在正规的售后维修服务网点很多，但是五花八门的非正规维修点也不少，价格上相差也是很大的。很多车主并不是专业人士，很难鉴别配件的好坏以及维修服务的正规与否，而最终的维修价格就成为车主衡量服务水平的标准。

当客户抱怨维修费用高时，汽车销售人员要耐心地解释专业维修与非专业维修的区别，原厂配件与伪劣配件的区别，为了让客户更容易理解，更容易接受，销售人员可以举几个车主的例子，强调非正规维修服务给汽车以及驾驶安全造成的隐患和威胁，这样一来，客户即使觉得贵，也会渐渐认同正规的维修服务。

凡事站在客户的立场上替客户着想，帮助客户解决实际问题，那么，即使客户有再大的抱怨，也会在汽车销售人员的和风细雨的解释、帮助下烟消云散。

情景 76　客户因质量问题要求退车

实 景再现

客户：我这款车才买了没几个月，这天窗中看不中用，密封性不好，一到下雨天就是外头下大雨，里面下小雨。拉到你们这儿维修了两回了，修好了又坏了，修好了又坏了，我都不想开了！我把车开来了，就停在你们店门口，我要退车，你们看着办吧。

汽车销售人员：张先生，新车天窗出现这样的问题我还是第一次遇到，难怪您会这么生气，您别急，先到我们贵宾区喝杯茶，我请售后的技术人员再为您的车做一个全面的检查吧？

（检查结果发现天窗密封性不太好，容易发生渗水渗漏）

汽车销售人员：张先生，抛开这个让您心烦的天窗不提，您觉得这款车整体上还满意吗？

客户：这款车没有问题呀，我好几个同事都想买一款一样的。可是那个天窗太让人气恼了！新车就出现这样的问题呀，太让人难以置信了。

汽车销售人员：非常抱歉，给您造成这么多的不便。张先生，您看这样好不好，我能感觉到您心里其实还是很喜欢这款车的。我们店免费为您更换新的天窗，这几天您先用我们提供的代步车。毕竟车子开了几个月了，也有一些感情了，如果更换天窗之后您还是不满意，我们再来商量对策，您看可以吗？

客户：我刚买的新车，还没开满半年呢，就开始大修了，这多不像话呀。

汽车销售人员：我理解您的心情，出现这样的问题，我们有很大的责任。在您的车更换天窗后，我们赠送您一年的免费洗车和保养的礼包，作为我们对您的补偿，您看这样可以吗？

客户：那好吧。

情 景分析

频繁的汽车召回让客户对汽车质量问题越来越重视，维权的意识也越来越强烈，尤其是刚使用不久的新车出现问题时，客户的愤怒与不满是可想而知的。遇到这样的问题，汽车销售人员首先要安抚客户的情绪，不推诿，不退缩，积极地面对问题，分析问题，然后找出可行的解决方案，既要尽力满足客户的合理要求，又要最大限度地减少公司的损失。

错误提醒

错误 1：汽车销售人员不要被客户的愤怒情绪吓倒，从根本上说，客户对销售人员并没有恶意，只是将对产品的不满发泄在销售人员身上而已，所以，销售人员要保持冷静和镇定，才有可能找到解决问题的方法。

错误 2：汽车销售人员必须在公司的利益和客户的要求之间找到平衡点，既不能为了客户的要求牺牲公司的利益，也不能为了公司的利益而不顾客户的感受。

技 巧展示

在处理客户投诉问题时，汽车销售人员既要考虑到客户的利益，同时也不能忽视企业的利益。同一个投诉问题，会有多种解决方案，汽车销售人员要尽量在客户满意的底限上，将企业的损失降到最小。比如，客户提出要退换车，如果销售人员同意了，客户满意了，但厂家如果不承担责任，不接受销售商的退换车要求的话，那么销售商的损失会很惨重。因此，销售人员在应对时，要随时与上级沟通，尽量以最小成本、最小损失来解决问题。

附录
知识链接

知识链接

"干一行，精一行"，一位优秀的汽车销售人员，绝不仅仅是一位简单的推销者，更是深得客户信赖与尊重的"汽车专家"和"购车顾问"，他们不仅掌握了有效的沟通技能，而且还扎实、深入地理解了各类汽车行业知识。

1. 微型车

微型车也被称为 A00 级车，一般情况下，该级别车型轴距在 2.0 米至 2.3 米之间，车身长度在 4.0 米之内，搭载的发动机排量在 1.0 升左右。由于微型车的体积较小、油耗较低、价格便宜，所以比较适合代步。

2. 小型车

小型车也被称为 A0 级车，一般情况下，该级别车型轴距在 2.3 米至 2.5 米之间，车身长度在 4.0 米至 4.3 米之间，发动机排量在 1.0 升至 1.5 升之间。

3. 紧凑型车

紧凑型车也被称为 A 级车，一般情况下，该级别车型轴距在 2.5 米至 2.7 米之间，车身长度在 4.2 米至 4.6 米之间，发动机排量在 1.6 升至 2.0 升之间。

4. 中型车

中型车也被称为 B 级车，一般情况下，该级别车型轴距在 2.7 米至 2.9 米之间，车身长度在 4.5 米至 4.9 米之间，发动机排量在 1.8 升至 2.4 升之间。

5. 中大型车

中大型车即 C 级车，一般情况下，该级别车型轴距普遍都超过 2.8 米，发动机排量通常在 2.5 升以上。在内部空间及配置上都要比中型车更加出色。

6. 豪华车

豪华车也被称为 D 级车，一般情况下，该级别车型轴距超过 2.5 米，车辆总长至少要超过 4.5 米，宽度至少在 1.7 米以上，发动机排量大于 2.5 升。

7. MPV

MPV 是 Multi-Purpose Vehicle 的缩写，意思是多用途汽车，它是集轿车、旅行车和商务车于一身的车型，拥有良好的舒适性、较强的实用性和灵活的空间。根据不同的标准，MPV 的分类可以有很多种，比如从用途上可以分为家用 MPV 和商用 MPV；而按照座位数划分，可以分为 5 人座、7 人座，以及多人座 MPV；从开发平台上看，有些 MPV 是轿车平台的产物，有些则是轻型客车的衍生品。目前，MPV 趋向于小型化，并出现了所谓的 S-MPV，S 是小（Small）的意思。S-MPV 车长一般在 4.2~4.3m，车身紧凑，一般为 5~7 座。

8. SUV

SUV 是 Sport Utility Vehicle 的简写，中文意思是运动型多功能车，一般是指那些以轿车平台为基础生产，在一定程度上既具有轿车的舒适性，又有越野车的通过性的车型。SUV 一般前悬架是轿车型的独立悬架，后悬架是非独立悬架，离地间距较大，由于带有 MPV 式的座椅多组合功能，该类型车辆既可载人又可载货，适用范围较广。

9. 跑车

跑车一般为双门设计，车身较低、造型流畅，有着比较强烈的运动感，座椅为双座或"2＋2"式设计。与其他级别车型区别比较明显的是，跑车的发动机可以有前置、中置和后置三种形式；而且其车顶形式也有硬顶、硬顶敞篷和软顶敞篷三种。随着市场的发展，目前的跑车不再局限于两门设计。

10. RV

RV 全称是 Recreation Vehicle，即休闲车，是一种适用于娱乐、休闲、旅行的汽车，首先提出 RV 汽车概念的国家是日本。RV 的覆盖范围比较广泛，没有严格的范畴。从广义上讲，除了轿车和跑车外的轻型乘用车，都可归属于 RV。MPV 及 SUV 也同属 RV。

11. 皮卡

皮卡（PICK-UP）又名轿卡。顾名思义，亦轿亦卡，是一种采用轿车车头和驾驶室，同时带有敞开式货车车厢的车型。其特点是既有轿车般的舒适性，又不失动力强劲，而且比轿车的载货和适应不良路面的能力还强。最常见的皮卡车型是双排座皮卡，这种车型是目前保有量最大，也是人们在市场上见得最多的皮卡。

12. CKD

CKD 是 Completely Knocked Down 的缩写，意思是"完全拆散"。换句话说，CKD 汽车就是进口或引进汽车时，汽车以完全拆散的状态进入，之后再把汽车的全部零、部件组装成整车。我国在引进国外汽车先进技术时，一开始往往采取 CKD 组装方式，将国外先进车型的所有零部件买进来，在国内汽车厂组装成整车。

13. SKD

SKD 是 Semi-Knocked Down 的缩写，意思是"半散装"。换句话说，SKD 汽车就是指从国外进口汽车总成（如发动机、驾驶室、底盘等），然后在国内汽车厂装配而成的汽车。SKD 相当于人家将汽车做成"半成品"，进口后简单组装就成整车。

14. 概念车

概念车即 Concept Car，可以理解为未来汽车，汽车设计师利用概念车向人们展示新颖、独特、超前的构思，反映着人类对先进汽车的梦想与追求。概念车往往只是处在创意、试验阶段，也许永不投产。与大批量生产的商品车不同，每一辆概念车都可以摆脱生产制造工艺的束缚，尽情地夸张地展示自己的独特魅力。随着时代的进步，概念车已经从高科技、强动力走向低耗能、求环保。

15. 零排放汽车

零排放汽车是指不排出任何有害污染物的汽车，比如太阳能汽车、纯电动汽车、氢气汽车等。有时人们也把零排放汽车称为绿色汽车、环保汽车、生态汽车、清洁汽车等。

16. 电动汽车

电动汽车多是指纯电动汽车，即是一种采用单一蓄电池作为储能动力源的汽车。它利用蓄电池作为储能动力源，通过电池向电机提供电能，驱动电动机运转，从而推动汽车前进。从外形上看，电动汽车与日常见到的汽车并没有什么区别，区别主要在于动力源及其驱动系统。

17. 混合动力汽车

混合动力汽车就是在纯电动汽车上加装一套内燃机，其目的是减少汽车的污染，增加纯电动汽车的行驶里程。混合动力汽车有串联式和并联式两种结构形式。

18. 燃气汽车

燃气汽车主要有液化石油气汽车（简称 LPG 汽车或 LPGV）和压缩天然气汽车（简称 CNG 汽车或 CNGV）。顾名思义，LPG 汽车是以液化石油气为燃料，CNG 汽车是以压缩天然气为燃料。燃气汽车的 CO 排放量比汽油车减少 90% 以上，碳氢化合物排放减少 70% 以上，氮氧化合物排放减少 35% 以上，是目前较为实用的低排放汽车。

19. 零公里汽车

零公里汽车是一个销售术语，指行驶里程为零（或里程较低，如不高于 10km）的汽车，它的出现是为了满足客户对所购车辆"绝对全新"的要求。零公里表示汽车从生产线上下来后，还未有任何人驾驶过。为了保证里程表的读数为零，从生产厂到各销售点，均采用大型专用汽车运输，以保证车辆全新。

20. 汽车召回

汽车召回即 Recall，就是厂家发现投放市场的汽车由于设计或制造方面的原因存在缺陷，不符合有关的法规、标准，有可能导致安全及环保问题，厂家必须及时向国家有关部门报告该产品存在问题、造成问题的原因、改善措施等，提出召回申请，经批准后对在用车辆进行改造，以消除事故隐患。

21. 车长（mm）

汽车长度方向两极端点间的距离。

22. 车宽（mm）

汽车宽度方向两极端点间的距离。

23. 车高（mm）

汽车最高点至地面间的距离。

24. 轴距（mm）

汽车轴距是通过车辆同一侧相邻两车轮的中点，并垂直于车辆纵向对称平面的二垂线之间的距离。简单地说，就是汽车前轴中心到后轴中心的距离。对于三轴以上的汽车，其轴距用从前到后的相邻两车轮之间的轴距分别表示，总轴距为各轴距之和。

25. 轮距（mm）

同一车轿左右轮胎胎面中心线间的距离。

26. 接近角（°）

接近角（Approach Angle）是指在汽车满载静止时，汽车前端突出点向前轮所引切线与地面的夹角。即水平面与切于前轮轮胎外缘（静载）的平面之间的最大夹角，前轴前面任何固定在车辆上的刚性部件不得在此平面的下方。接近角越大，汽车在上下渡船或进行越野行驶时，就越不容易发生触头事故，汽车的通过性能就越好。

27. 离去角（°）

离去角是指汽车满载、静止时，自车身后端突出点向后车轮引切线与路面之间的夹角，即是水平面与切于车辆最后车轮轮胎外缘（静载）的平面之间的最大夹角，位于最后车轮后面的任何固定在车辆上的刚性部件不得在此平面的下方。离去角表征了汽车离开障碍物（如小丘、沟洼地等）时，不发生碰撞的能力。离去角越大，则汽车的通过性越好。相对于接近角用在爬坡时，离去角则适用在下坡时。车辆一路下坡，当前轮已经行驶到平地上，后轮还在坡道上时，后保险杠会不会卡在坡道上，关键就在于离去角。离去角越大，车辆就可以由越陡的坡道上下来，而不用担心后保险杠被卡住。

28. 最小离地间隙（mm）

最小离地间隙是指汽车在满载（允许最大荷载质量）的情况下，其底盘最突出部位与水平地面的距离。最小离地间隙反映的是汽车无碰撞通过有障碍物或凹凸不平的地面的能力。最小离地间隙越大，车辆通过有障碍物或凹凸不平的地面的能力就越强，但重心偏高，降低了稳定性；最小离地间隙越小，车辆通过有障碍物或凹凸不平的地面的能力就越弱，但重心低，可增加稳定性。最小离地间隙要考虑到运输时装卸平台的通过性，要考虑到轿车在靠近一般人行道边沿时不会发生碰擦的可能性。如果限定向某个国家或地区销售，还要考虑到当地道路质量的情况。同时，最小离地间隙的数值是有一定限制的，它与车型功能、空气动力学有关系，例如跑车的最小离地间隙就会比较小，而 SUV 的最小离地间隙就会比较大。

29. 最小转弯半径（mm）

最小转弯半径是指当转向盘转到极限位置，汽车以最低稳定车速转向行驶时，外侧转向轮的中心平面在支承平面上滚过的轨迹圆半径。它在很大程度上表征了汽车能够通过狭窄弯曲地带或绕过不可越过的障碍物的能力。转弯半径越小，汽车的机动性能越好。

30. 最大爬坡度

最大爬坡度是指汽车满载时在良好路面上用第一档克服的最大坡度，它表征汽车的爬坡能力。爬坡度用坡度的角度值（以度数表示）或以坡度起止点的高度差与其水平距离的比值（正切值）的百分数来表示。对于经常在城市和良好公路上行驶的汽车，最大爬坡度在 10°左右即可，对于载货汽车，有时需要在多种路况条件下行驶，最大爬坡度应在 30%，即 16.5°左右，而越野汽车有可能要在无路地带行驶，最大爬坡度应达 30°以上。

31. 油箱容积（L）

油箱容积的大小用来衡量一款车所能承装油量的能力。

32. 整车装备质量（kg）

汽车完全装备好的质量，包括润滑油、燃料、随车工具、备胎等所有装置的质量。

33. 最大总质量（kg）

汽车满载时的总质量。

34. 最大装载质量（kg）

汽车在道路上行驶时的最大装载质量。

35. 功率

功率是指物体在单位时间内所做的功。在一定的转速范围内，汽车发动机的功率与发动机转速成非线性正比关系，随着转速的增加，发动机的功率也相应提高，但是到了一定的转速以后，功率反而呈下降趋势。它反映了汽车在一定时间内的作功能力。以同类型汽车做比较，功率越大转速越高，汽车的最高速度也越高。一般在说明发动机最高输出功率的同时标出每分钟转速（r/min），如 100PS/5 000r/min，即在每分钟 5 000 转时最高输出功率为 100 马力（73.5kW）。最大功率常用来描述汽车的动力性能，一般用马力（PS）或千瓦（kW）来表示，1 马力等于 0.735 千瓦。

36. 扭矩

扭矩是使物体发生转动的力。发动机的扭矩就是指发动机从曲轴端输出的力矩。在功率固定的条件下它与发动机转速成反比关系，转速越快，扭矩越小，反之越大，它反映了汽车在一定范围内的负载能力。

37. 排量（L）

活塞从上止点移动到下止点所通过的空间容积称为气缸排量，如果发动机有若干个气缸，所有气缸工作容积之和称为发动机排量。通常排量大，单位时间发动机所释放的能量也大。

38. 平均燃料消耗量（L/100km）

汽车在道路上行驶时每百公里平均燃料消耗量。

39. 发动机缸数

汽车发动机常用缸数有 3 缸、4 缸、5 缸、6 缸、8 缸。排量 1 升以下的发动机常用 3 缸，2.5 升以下一般为 4 缸，3 升左右的发动机一般为 6 缸，4 升左右为 8 缸，5.5 升以上用 12 缸发动机。一般来说，在同等缸径下，缸数越多，排量越大，功率越高；在同等排量下，缸数越多，缸径越小，转速可以提高，从而获得较大的提升功率。

40. 气缸的排列形式

一般 5 缸以下的发动机的气缸多采用直列方式排列，少数 6 缸发动机也有直列方式的。直列发动机的气缸体成一字排开，缸体、缸盖和曲轴结构简单，制造成本低，低速扭矩特性好，燃料消耗少，尺寸紧凑，应用比较广泛，缺点是功率较低。直列 6 缸的动平衡较好，振动相对较小。大多 6 到 12 缸发动机采用 V 形排列，V 形即气缸呈 V 形错开角度布置，形体紧凑，V 形发动机长度和高度尺寸小，布置起来非常方便。

41. 气门数

国产发动机大多采用每缸 2 气门，即一个进气门，一个排气门；国外轿车发动机普遍采用每缸 4 气门结构，即 2 个进气门，2 个排气门，提高了进、排气的效率；国外有的公司开始采用每缸 5 气门结构，即 3 个进气门，2 个排气门，主要作用是加大进气量，使燃烧更加彻底。气门数量并不是越多越好，5 气门确实可以提高进气效率，但是结构极其复杂，加工困难，采用较少。

42. 压缩比

压缩比是指气缸总容积与燃烧室容积的比值，它表示活塞从下止点移到上止点时气缸内气体被压缩的程度。压缩比是衡量汽车发动机性能指标的一个重要参数。一般来说,发动机的压缩比愈大,在压缩行程结束时混合气的压力和温度就愈高,燃烧速度也愈快,因而发动机的功率愈大,经济性愈好。但压缩比过大时,不仅不能进一步改善燃烧情况,反而会出现爆燃、表面点火等不正常燃烧现象,又反过来影响发动机的性能。此外,发动机压缩比的提高还受到排气污染法规的限制。

43. 涡轮增压

涡轮增压简称 Turbo,如果在轿车尾部看到 Turbo 或者 T,即表明该车采用的发动机是涡轮增压发动机。涡轮增压器实际上是种空气压缩机,通过压缩空气来增加进气量。它是利用发动机排出的废气惯性冲力来推动涡轮室内的涡轮,涡轮又带动同轴的叶轮,叶轮压送由空气滤清器管道送来的空气,使之增压进入气缸。当发动机转速增快,废气排出速度与涡轮转速也同步增快,叶轮就压缩更多的空气进入气缸,空气的压力和密度增大可以燃烧更多的燃料,相应增加燃料量就可以增加发动机的输出功率。

涡轮增压器的最大优点是能在不加大发动机排量的情况下就能较大幅度地提高发动机的功率及扭力,一般而言,加装增压器后的发动机的功率及扭矩要增大20% ~ 30%。涡轮增压器的缺点是滞后,即由于叶轮的惯性作用对油门骤时变化反应迟缓,使发动机延迟增加或减少输出功率,这对于要突然加速或超车的汽车而言,瞬间会有点提不上劲的感觉。

44. TSI

TSI 技术(Twincharger Stratified Injection)指分层喷射技术,也就是发动机装配了废气涡轮增压器 + 机械增压器。涡轮增压的特性是利用排放废气,装置本身基本不消耗发动机动力,利用尾气循环进入发动机进气,来增加进气效率提高功率和扭矩,其缺点是通常要发动机涡轮介入有一定的响应时间延迟。机械增压特性是发动机开始启动运转就介入,以增大空气进气量来增加动力,使起步加速有力,没有涡轮的工作延迟,瞬时响应。其缺点是发动机高转速时,输出功率增大得不明显。进口 1.4TSI 发动机是两者的结合,既改善了起步加速,又具有充足的后劲,可谓是动力澎湃,提高了燃油效率,降低了油耗,约可以节省20% ~ 30%燃油,效率却提高了30% ~ 50%。TSI 发动机的优点在于动力损耗小,可以在小排量的情况下获得较大的动力。但是与 FSI 发动机相比缺少了分层燃烧功能,技术含量降低了很多。

45. 汽油直喷技术

汽油直喷技术即 FSI,Fuel Stratified Injection,它代表着汽油发动机的最新发展方向。通常的发动机采用的是将汽油和空气混合后喷入燃烧室，而汽油直喷技术则是将汽油直接注入燃烧室，通过均匀燃烧和分层燃烧，降低了燃油消耗，动力也有很大提升。为了实现汽油直接喷射，喷油嘴的位置由原来的进气歧管处变为直接安在了燃烧室的上方，高压电磁喷油嘴将燃油喷射时间控制在几千分之一秒内。汽油直喷技术最显著的优点是在提供更大的输出功率和扭矩的同时，提高了燃油经济性并且减少了排放。

46. VTEC

VTEC 是本田开发的先进发动机技术，也是世界上第一个能同时控制气门开闭时间及升程两种不同情况的气门控制系统。VTEC（Variable Valve Timing and Valve Life Electronic Control System）的意思是"可变气门配气相位和气门升程电子控制系统"。与普通发动机相比，VTEC 发动机所不同的是凸轮与摇臂的数目及控制方法，它有中低速用和高速用两组不同的气门驱动凸轮，并可通过电子控制系统的调节进行自动转换。通过 VTEC 系统装置，发动机可以根据行驶工况自动改变气门的开启时间和提升程度，即改变进气量和排气量，从而达到增大功率、降低油耗及减少污染的目的。目前本田车型都使用 i-VTEC（智能可变气门配气相位和气门升程电子控制系统），i-VTEC 技术作为本田公司 VTEC 技术的升级技术，其不仅完全保留了 VTEC 技术的优点，而且加入了当今世界流行的智能化控制理念。

47. 驱动方式

驱动方式，是指发动机的布置方式以及驱动轮的数量、位置的形式。一般的车辆都有前、后两排轮子，其中直接由发动机驱动转动，从而推动（或拉动）汽车前进的轮子就是驱动轮。最基本的分类标准是按照驱动轮的数量，分为两轮驱动和四轮驱动两大类。

在两轮驱动形式中，可根据发动机在车辆的位置以及驱动轮的位置进而细分为前置后驱（FR）、前置前驱（FF）、后置后驱（RR）、中置后驱（MR）等形式。目前，两驱越野车和轿车最常用的是前置后驱形式。

所谓四轮驱动，是指汽车前后轮都有动力，可按行驶路面状态不同而将发动机输出扭矩按不同比例分布在前后所有的轮子上，以提高汽车的行驶能力。一般用 4X4 或 4WD 来表示，如果一辆车上标有上述字样，那就表示该车辆拥有四轮驱动的功能。在过去，四轮驱动是越野车独有的，近年来，一些高档轿车和豪华跑车也逐渐添置了这项配置。四轮驱动分为分时四驱（Part- time 4WD）和全时四驱（Full- time 4WD）两种。

48. 汽车变速器

汽车变速器是通过改变传动比，改变发动机曲轴的转矩，适应在起步、加速、行驶以及克服各种道路阻碍等不同行驶条件下对驱动车轮牵引力及车速不同要求的需要。通常汽车变速器可分为手动变速器（MT）、自动变速器（AT）、手动/自动变速器以及无级式变速器。

49. 手动变速器

手动变速器（Manual Transmission，MT），又称机械式变速器，即必须用手拨动变速杆（俗称"挡把"）才能改变变速器内的齿轮啮合位置，改变传动比，从而达到变速的目的。轿车手动变速器大多为四挡或五挡有级式齿轮传动变速器，并且通常带同步器，换挡方便，噪声小。手动变速在操纵时必须踩下离合踏板，方可拨动变速杆。

手动变速器是与自动变速器相对而言的，在自动变速器出现之前所有的汽车都是采用手动变速器。手动变速器是利用大小不同的齿轮配合而达到变速的。最常见的手动变速器多为 5 挡位（4 个前进挡、1 个倒挡），也有的汽车采用 6 挡位变速器。

一般来说，手动变速器的传动效率要比自动变速器的高，如果驾驶者的驾驶技术好，手动变速的汽车在加速、超车时比自动变速车快，也省油。

50. 自动变速器

自动变速器具有操作容易、驾驶舒适、能减少驾驶者疲劳的优点，已成为现代轿车配置的一种发展方向。装有自动变速器的汽车能根据路面状况自动变速变矩，驾驶者可以全神贯注地注视路面交通，而不会被换挡搞得手忙脚乱。

51. 手/自动变速器

手自动变速器（AMT）是介于手动与自动之间的一种新型变速器，它的挡位设置与手动挡一样，不同的是通过特殊的电子机械机构实现自动油离配合，既省却了踩离合的麻烦，又能体会到手动挡换挡的乐趣，是目前高档轿车普遍采用的变速器。它的挡位设计与自动挡相仿，只不过将行进挡 D 挡往旁边一拨，可以通过前推后拉，实现自动的挡位切换，驾驶者可以享受到把握换挡时机的操控感。

52. 无级式变速器

CVT（Continuously Variable Transmission）是自动变速器的一种，它通过两个可变直径的滑轮来改变排挡比率，在一定范围内，变速比率逐渐改变，避免了换挡时不同挡位衔接时的顿挫感，驾驶感觉更加平顺。

53. 最高车速（km/h）：

最高车速指汽车在水平良好路面上能达到的最快行驶车速。

54. 加速时间

汽车的加速性能，包括汽车的原地起步加速时间和超车加速时间。原地起步加速时间，指汽车从静止状态下，由第一挡起步，并以最大的加速强度（包括选择最恰当的换挡时机）逐步换至高挡后，到某一预定的车速所需的时间。目前，常用 0~96km 所需的时间（秒数）来评价。超车加速时间，用最高挡或次高挡全力加速至某一高速所需要的时间。加速时间越短，汽车的加速性就越好，整车的动力性随即提高。

55. 悬挂系统

悬挂系统是汽车的车架与车桥或车轮之间的一切传力连接装置的总称，其功能是传递作用在车轮和车架之间的力和力矩，并且缓冲由不平路面传给车架或车身的冲击力，并衰减由此引起的震动，以保证汽车平顺行驶。悬挂系统应有的功能是支持车身，改善乘坐的感觉，不同的悬挂设置会使驾驶者有不同的驾驶感受。外表看似简单的悬挂系统综合多种作用力，决定着轿车的稳定性、舒适性和安全性，是现代轿车十分关键的部件之一。悬挂系统主要有以下几种：独立悬挂系统、多连杆悬挂、麦弗逊式悬挂、拖曳臂式悬挂系统。

56. 防抱死制动系统（ABS）

ABS 全称是 Anti-lock Braking System，可安装在任何带液压刹车的汽车上。它是利用阀体内的一个橡胶气囊，在踩下刹车时，给予刹车油压力，充斥到 ABS 的阀体中，此时气囊利用中间的空气隔层将压力返回，使车轮避过锁死点。当车轮即将到达下一个锁死点时，刹车油的压力使得气囊重复作用，如此在一秒钟内可作用 60~120 次，相当于不停地刹车、放松，即相似于机械的"点刹"。因此，ABS 防抱死系统，能避免在紧急刹车时方向失控及车轮侧滑，使车轮在刹车时不被锁死，不让轮胎在一个点上与地面摩擦，从而加大摩擦力，使刹车效率达到90% 以上，同时还能减少刹车消耗，延长刹车轮鼓、碟片和轮胎两倍的使用寿命。装有 ABS 的车辆在干柏油路、雨天、雪天等路面防滑性能分别达到 80%~90%、10%~30%、15%~20%。

57. 加速防滑控制系统（ASR）

加速防滑控制系统（Acceleration Skid control system，ASR）或加速稳定保持系统（Acceleration Stability Retainer），顾名思义就是防止驱动轮加速打滑的控制系统，其目的就是要防止车辆尤其是大马力的车子，在起步、再加速时驱动轮打滑的现象，以维持车辆行驶方向的稳定性，保持好的操控性及最适当的驱动力。轮胎打滑会造成车辆行驶方向的不稳定的原因与煞车时 ABS 会避免轮胎锁死的道理是相同的，主要是轮胎能产生的力量在同一负载是一定的，一般轮胎除了要产生使车辆前进的驱动力外，也要产生使车辆转弯的转向力，或者是使车辆停止的刹车力，因此不论是单纯产生驱动力、转向力、刹车力，或同时产生驱动力及转向力、煞车力及转向力，其轮胎产生的总和的力量在某一负载条件下是一定的，也就是说当前进急起动发生轮胎打滑现象，是因为轮胎所有的抓地力全部用在驱动力上，而由于力量全部被驱动力使用掉，因此将会失去使车辆转弯或保持车行方向的转向力，因而会造成车行方向不稳定的现象。

ASR 是 ABS 的升级版，它在 ABS 上加装可膨胀液压装置、增压泵、液压压力筒、第四个车轮速度传感器，复杂的电子系统和带有其自身控制器的电子加速系统。在驱动轮打滑时 ASR 通过对比各轮子转速，电子系统判断出驱动轮打滑，立刻自动减少节气门进气量，降低引擎转速，从而减少动力输出，对打滑的驱动轮进行制动。减少打滑并保持轮胎与地面抓地力的最合适的动力输出，这时候无论你怎么给油，在 ASR 介入下，均会输出最适合的动力。

58. 制动力辅助系统（BAS）

制动力辅助系统（Brake Assist System，BAS）。据统计，在紧急情况下有 90% 的汽车驾驶员踩刹车时缺乏果断，制动辅助系统正是针对这一情况而设计。它可以从驾驶员踩制动踏板的速度中探测到车辆在行驶中遇到的情况，当驾驶员在紧急情况下迅速踩制动踏板，但踩踏力又不足时，此系统便会在不到 1 秒的时间内把制动力增至最大，缩短紧急制动情况下的刹车距离。

59. 电子制动力分配系统（EBD）

电子制动力分配系统（Electric Brakeforce Distribution，EBD），能够根据汽车制动时产生轴荷转移的不同，而自动调节前、后轴的制动力分配比例，提高制动效能，并配合 ABS 提高制动稳定性。汽车在制动时，四只轮胎附着的地面条件往往不一样。比如，有时左前轮和右后轮附着在干燥的水泥地面上，而右前轮和左后轮却附着在水中或泥水中，这种情况会导致在汽车制动时四只轮子与地面的摩擦力不一样，制动时容易造成打滑、倾斜和车辆侧翻事故。EBD 用高速计算机在汽车制动的瞬间，分别对四只轮胎附着的不同地面进行感应、计算，得出不同的摩擦力数值，使四只轮胎的制动装置根据不同的情况用不同的方式和力量制动，并在运动中不断高速调整，从而保证车辆的平稳、安全。

60. 随速助力转向系统（EPS）

随速助力转向系统（Electronic Power Steering，EPS），它利用电动机产生的动力协助驾车者进行动力转向。EPS 的构成，不同的车尽管结构部件不一样，但大体是相同的，一般是由转矩（转向）传感器、电子控制单元、电动机、减速器、机械转向器以及蓄电池电源所构成。当汽车在转向时，转矩（转向）传感器会

"感觉"到转向盘的力矩和拟转动的方向，这些信号会通过数据总线发给电子控制单元，电控单元会根据传动力矩、拟转的方向等数据信号向电动机控制器发出动作指令，电动机就会根据具体的需要输出相应大小的转动力矩，从而产生了助力转向。如果不转向，则本套系统就不工作，处于休眠状态等待调用。由于电动助力转向的工作特性，你会感觉到开这样的车，方向感更好，高速时更稳。又由于它不转向时不工作，所以也多少节省了些能源。一般高档轿车使用这样的助力转向系统的比较多。

61. 牵引力控制系统（TCS）

牵引力控制系统（Traction Control System，TCS），又称循迹控制系统。汽车在光滑路面制动时，车轮会打滑，甚至使方向失控。同样，汽车在起步或急加速时，驱动轮也有可能打滑，在冰雪等光滑路面上还会使方向失控而出危险。TCS 就是针对此问题而设计的。TCS 依靠电子传感器探测到从动轮速度低于驱动轮时，就会发出一个信号，调节点火时间、减小气门开度、减小油门、降挡或制动车轮，从而使车轮不再打滑。TCS 不但可以提高汽车行驶稳定性，而且能够提高加速性，提高爬坡能力。原来一般只有豪华轿车上才安装 TCS，现在许多普通轿车上也有。TCS 如果和 ABS 相互配合使用，将进一步增强汽车的安全性能。TCS 和 ABS 可共用车轴上的轮速传感器，并与行车电脑连接，不断监视各轮转速，当在低速发现打滑时，TCS 会立刻通知 ABS 动作来减低此车轮的打滑。若在高速发现打滑时，TCS 立即向行车电脑发出指令，指挥发动机降速或变速器降挡，使打滑车轮不再打滑，防止车辆失控甩尾。

62. 车身稳定控制系统（VSC）

车身稳定控制系统（Vehicle Stability Control，VSC），它是由丰田汽车公司开发的一种主动安全系统。作为车辆的辅助控制系统，它可以对因猛打方向盘或者路面湿滑而引起的侧滑现象进行控制。当传感器检测出车辆侧滑时，系统能自动对各车轮的制动以及发动机动力进行控制。与 ABS 等其他主动安全系统相比，VSC 系统拥有以下三大特点。

（1）实时监控：VSC 系统能够实时监控驾驶者的操控动作（转向、制动和油门等）、路面信息、汽车运动状态，并不断向发动机和制动系统发出指令。

（2）主动干预：ABS 等安全技术主要是对驾驶者的动作起干预作用，但不能调控发动机。VSC 系统则可以通过主动调控发动机节气门，以调整发动机的转速，并通过调整每个轮子的驱动力和制动力来修正汽车的过度转向和转向不足。

（3）事先提醒：当驾驶者操作不当或路面异常时，VSC 系统会用警告灯警示驾驶者。

63. 转弯制动控制（CBC）

在车辆转弯制动时，CBC（Cornering Barke Control）与防抱死系统（ABS）配合工作，从而减小过度转向和转向不足的危险。即使在恶劣的驾驶条件下，亦能确保汽车的稳定性。有些高版本的 ABS 系统中包含 CBC 功能。如果检测到汽车可能正在滑行，CBC 系统降低发动机功率，必要时对特定的车轮施加额外的制动力，从而对汽车采取必要的纠正措施。

64. 定速巡航系统（CCS）

定速巡航系统（Cruise Control System，CCS），又称为定速巡航行驶装置、速度控制系统、自动驾驶系统等。其作用是：按驾驶者要求的速度打开开关之后，不用踩油门踏板就自动地保持车速，使车辆以固定的速度行驶。采用了这种装置，当在高速公路上长时间行车后，司机就不用再去控制油门踏板，既减轻了疲劳，也减少了不必要的车速变化，可以节省燃料。

定速巡航系统并非何时何地都适用。专业人士表示：原则上定速巡航要在高速公路或全封闭路上使用。因为在非封闭路上，复杂的路况不利于交通安全。例如在国道上，一些拖拉机动力不足，会给巡航车辆造成障碍；另外很多小路口又往往有车辆冲上路面，在定速巡航的情况下，容易措手不及，而在国道上反复刹车也无法保持稳定的定速巡航状态，失去了定速的意义。另外，盘山路或弯路过多时一定要慎用定速巡航。因为在正常出弯路的情况下，要适当加油提供更大的转向力，而定速巡航状态下车辆自动维持车速恒定，油门由行车电脑控制，往往给弯路行车带来危险，在这种条件卜，应当适当控制车速。

65. 车内空气质量控制系统（AQS）

车内空气质量控制系统（Air Quality System，AQS），能够灵敏感知车外空气浊度、湿度并随之切换空气内外循环的自动装置。在具体使用过程中，AQS 正常情况下均处在外循环状态。在感知车外空气混浊度、有害气体时，AQS 的反应灵敏度是有所区别的：AQS 对汽车尾气十分敏感，譬如在市区堵车时，前方车辆突然排放大量尾气，智能化空调能在数秒内感知并立即自动切换至内循环状态，令座舱内保持空气清新；AQS 对道路粉尘反应一般，在尘土轻扬的道路上行驶，AQS 不会马上切换，只有当道路粉尘较为严重时，AQS 才会迅速切换至内循环状态，这就是经常行驶在沙土路面要更为频繁地清洁空调滤网的原因；但是，AQS 对无色有害气体反应比较迟钝。

66. 安全车身

为了减少汽车碰撞时乘员的伤亡，在设计车身时着重加固乘客舱部分，削弱汽车头部和尾部。当汽车碰撞时，头部或尾部被压扁变形并同时吸收碰撞能量，而客舱不产生变形，保证乘员安全。

67. 预紧式安全带

预紧式安全带的特点是当汽车发生碰撞事故的一瞬间，乘员尚未向前移动时它会首先拉紧织带，立即将乘员紧紧地绑在座椅上，然后锁止织带，防止乘员身体前倾，有效保护乘员的安全。预紧式安全带中起主要作用的卷收器与普通安全带不同，除了普通卷收器的收放织带功能外，还具有当车速发生急剧变化时，能够在0.1s左右加强对乘员的约束力的作用，因此它还有控制装置和预拉紧装置。

控制装置分为两种：一种是电子式控制装置，另一种是机械式控制装置。预拉紧装置则有多种形式，常见的预拉紧装置是一种爆燃式的，由气体引发剂、气体发生剂、导管、活塞、绳索和驱动轮组成。当汽车受到碰撞时，预拉紧装置受到激发后，密封导管内底部的气体引发剂立即自燃，引爆同一密封导管内的气体发生剂，气体发生剂立即产生大量气体膨胀，迫使活塞向上移动拉动绳索，绳索带动旋转号驱动轮，使卷收器卷筒转动，织带被卷在卷筒上，使织带被回拉。最后，卷收器会紧急锁止织带，固定乘员身体，防止身体前倾，避免与方向盘、仪表板和玻璃窗相碰撞。

68. 安全气囊

安全气囊是现代轿车上引人注目的高技术装置。安装了安全气囊装置的轿车方向盘，平常与普通方向盘没有什么区别，但一旦车前端发生了强烈的碰撞，安全气囊就会瞬间从方向盘内"蹦"出来，垫在方向盘与驾驶者之间，防止驾驶者的头部和胸部撞击到方向盘或仪表板等硬物上。安全气囊面世以来，已经挽救了许多人的性命。研究表明，有气囊装置的轿车发生正面撞车，驾驶者的死亡率，大型轿车降低了30%，中型轿车降低了11%，小型轿车降低了14%。

安全气囊主要由传感器、微处理器、气体发生器和气囊等部件组成。传感器和微处理器用以判断撞车程度、传递及发送信号；气体发生器根据信号指示产生点火动作，点燃固态燃料并产生气体向气囊充气，使气囊迅速膨胀，气囊容量约在50～90L。同时气囊设有安全阀，当充气过量或囊内压力超过一定值时会自动泄放部分气体，避免乘客因挤压受伤。安全气囊所用的气体多是氮气或一氧化碳。

除了驾驶员侧有安全气囊外，有些轿车前排也安装了乘客用的安全气囊（即双安全气囊规格），乘客用的与驾车者用的相似，只是气囊的体积要大些，所需的气体也多一些。另外，有些轿车还在座位侧面靠门一侧安装了侧面安全气囊。

69. 智能安全气囊

智能安全气囊就是在普通型的基础上增加传感器，以探测出座椅上的乘员是